RESPONSABILITÉ PÉNALE ET VIE PUBLIQUE EN FRANCE ET À L'ÉTRANGER

Université PANTHÉON-ASSAS, (PARIS II)

RESPONSABILITÉ PÉNALE ET VIE PUBLIQUE EN FRANCE ET À L'ÉTRANGER

sous la direction de Dominique Chagnollaud

L.G.D.J. Diffuseur

Le présent ouvrage est issu d'un colloque organisé par le Centre d'études constitutionnelles et politiques (CECP) de l'Université Panthéon-Assas (Paris II), le 1er octobre 1999

ISBN 2-913397-20-4
ISSN 1288-8370

SOMMAIRE

INTRODUCTION

Philippe ARDANT
Professeur émérite à l'Université Panthéon-Assas (Paris II)

1. Le Président Teyssié aurait souhaité être parmi nous ce matin, il en est empêché par l'accueil des nouveaux étudiants de l'Université qui se déroule en ce moment. Je suis donc amené, à la demande des organisateurs, à ouvrir cette journée d'études, j'en suis très honoré.

2. Je voudrais, en commençant, saluer cette première manifestation organisée par le Centre d'études constitutionnelles et politiques de l'Université Paris II. Je ne doute pas que sous l'impulsion dynamique de Dominique Chagnollaud, ce Centre, enfin doté dans quelques semaines de locaux, rue Soufflot, en face du bâtiment du Panthéon, n'apporte une contribution majeure à la recherche sur le droit constitutionnel et la science politique. Je suis certain que nous aurons souvent l'occasion de nous retrouver à son invitation, dans ces lieux ou dans les bâtiments de la rue de Vaugirard – pour lesquels j'ai une affection particulière – afin de réfléchir ensemble sur des sujets intemporels ou d'actualité.

3. Aujourd'hui c'est l'actualité qui nous réunit : *Responsabilité pénale et vie publique en France et à l'étranger*. Il est des thèmes récurrents, qui brillent un temps d'un vif éclat pour s'assoupir plus ou moins durablement jusqu'à un nouveau réveil : la nature juridique du Conseil constitutionnel, le quinquennat, le financement de la vie politique, le statut du Sénat, par exemple. D'autres surgissent en quelques mois, qui n'avaient pas retenu sérieusement l'attention de l'opinion et de la doctrine, alors même qu'un réel problème était depuis longtemps posé. La responsabilité pénale des élus et dirigeants politiques est de ceux-là.

4. Il ne m'appartient pas, bien sûr, d'en traiter ; d'éminents spécialistes le feront tout au long de cette journée, manifestant une compétence avec laquelle je ne saurais rivaliser.

Mais peut-être est-il possible de s'interroger sur les causes de désintérêt passé à l'égard de cette question.

5. Un rapide sondage montre en effet que si Joseph Barthélémy, en 1934, voit bien le problème et le traite, Léon Duguit l'ignore dans son *Traité de droit constitutionnel*, Georges Burdeau ne s'y arrête pas dans son *Traité de science* *politique*, Georges Vedel en 1949 lui consacre quatre lignes dans son *Droit constitutionnel*, et que ni *La Constitution française* de François Luchaire et Gérard Conac en 1979, ni le *Dictionnaire constitutionnel* d'Olivier Duhamel et Yves Mény en 1992 n'y font allusion.

Pourquoi ce désintérêt ?

On peut hasarder plusieurs hypothèses.

6. La première tiendrait à la difficulté de trouver une procédure satisfaisante de mise en cause de la responsabilité protégeant l'homme et la fonction contre des poursuites abusives, reposant sur des juges impartiaux, conciliable avec la séparation des pouvoirs... Le fait est que par le monde aucun système n'échappe à la critique. Mais l'explication ne résiste pas à la constatation que jamais la complexité d'un problème n'arrête le Constituant, au contraire même, elle stimule l'imagination des juristes prenant une part active à l'élaboration du texte.

7. Plus fondé est probablement l'argument selon lequel envisager la responsabilité pénale des gouvernants pour des actes étrangers à leurs fonctions a pu longtemps apparaître comme malséant, par extension de ce qui était admis pour le chef de l'État. Forme de révérence à l'égard de l'autorité qui ne saurait commettre des actes que le droit pénal condamne, l'idée de faute inhérente à l'infraction pénale rend toute accusation déplacée.

Les peuples ont longtemps vécu dans un respect inné de l'autorité ; il en reste durablement quelque chose.

8. Prolongement de cet élément d'explication : la question de la responsabilité pénale des gouvernants est « une hypothèse d'école purement théorique », l'expression est de Georges Vedel, pour le Président de la IVe République, elle est « sans importance », à en croire Joseph Barthélémy, pour celui de la IIIe République. Vision très irénique des choses, et des hommes. Par une sorte de « grâce d'État », pour utiliser le vocabulaire religieux, les hommes politiques – les chefs d'État plus d'ailleurs que les membres des gouvernements – seraient en quelque sorte immunisés contre les tentations et les erreurs susceptibles de les faire tomber sous le coup du droit pénal. Qui pourrait aujourd'hui défendre un point de vue hélas démenti par l'histoire ?

9. Si actuellement, le problème donne lieu, en France et dans bien d'autres pays, à un débat majeur, c'est probablement parce que la vie politique a multiplié les occasions pour ses acteurs de se trouver, ou de se mettre, en contravention avec la loi pénale. Tous n'ont pas su résister, le phénomène de leurs défaillances est plus répandu et plus voyant. D'une part, l'activité politique demande de l'argent, beaucoup d'argent, la tentation est grande de s'en procurer par des moyens que le droit pénal condamne. D'autre part, la place considérablement accrue que tient l'État dans la société expose plus fréquemment ceux qui détiennent du pouvoir à rechercher un profit personnel dans les interventions, décisions, dérogations dépendant d'eux. Enfin, l'affaire du sang contaminé l'a bien montré, l'action ou l'inaction d'un ministre peut causer des dommages qui de nos jours mettent en cause sa responsabilité pénale. Et la décentralisation a multiplié les tentations et les risques d'erreurs dommageables. Il est probable que les infractions pénales dans la vie politique sont beaucoup plus nombreuses qu'il y a 30, 50 ou 100 ans. En Italie, on a pu affirmer qu'en 1998, un tiers des parlementaires étaient mêlés à des affaires de pots de vin.

10. En même temps l'exigence de moralité dans la vie politique s'est considérablement accrue. Des comportements qui hier étaient généralisés, et à ce titre tolérés – je pense ici aux abus auxquels donnait lieu le financement des partis politiques, par exemple –, ne sont plus admis. Quel homme politique prendrait aujourd'hui le risque, même avec la bénédiction de son parti, de se lancer dans des opérations de fausses factures ? Ceci parce que l'opinion est beaucoup plus consciente de l'existence de ces comportements et de leur caractère délictueux ; elle demande plus de transparence, elle est plus sévère pour les fautifs, César, et non seulement sa femme, doit être irréprochable. Il faut des coupables, il faut des sanctions, l'affaire du sang contaminé était-elle concevable il y a 30 ans ? Il n'y a plus de nos jours d'excuse de fatalité.

11. La multiplication des « affaires » et des « scandales » – quand une « affaire » est-elle un « scandale » ? – due bien souvent à la pugnacité de certains juges, à leur esprit d'indépendance (parfois excessive), a mis en lumière les insuffisances, les lacunes, les injustices du système de mise en cause de la responsabilité pénale des membres des exécutifs nationaux et locaux, comme des parlementaires.

D'où le débat actuel.

Il n'est pas propre à la France. Aussi ce matin entendrons-nous des communications concernant des pays étrangers alors que l'après-midi sera consacré à l'étude des problèmes en France.

En remerciant, les organisateurs de cette rencontre, les conférenciers et les intervenants, je souhaite à tous une excellente et passionnante journée.

PREMIÈRE PARTIE

RESPONSABILITÉ PÉNALE ET VIE PUBLIQUE A L'ÉTRANGER

1

RAPPORT INTRODUCTIF

Philippe LAUVAUX
Professeur à l'Université de Bruxelles

12. La généralisation rapide et simultanée, dans bon nombre de pays d'Europe, ainsi qu'en Amérique, d'affaires, de procès mettant en cause des acteurs politiques, parfois au plus haut niveau de l'exécutif, a profondément marqué la vie publique des pays démocratiques durant la décennie qui s'achève.

13. En même temps que se déroulait en France l'affaire du sang contaminé, impliquant un ancien Premier ministre, ont lieu dans les pays voisins des procès plus retentissants encore et dont certains ont abouti à de lourdes condamnations. Le cas le plus notable est peut-être celui de l'Espagne avec, parmi d'autres mais en particulier, l'affaire des GAL (*Grupos antiterroristas de Liberaèiôn*) et la mise en accusation de José Barrionuevo, ministre de l'Intérieur de 1982 à 1988, et à travers lui, du président du gouvernement, M. Gonzalez. Si celui-ci fut finalement mis hors de cause par une décision du tribunal suprême en novembre 1996, le premier a été condamné, deux ans plus tard, à une peine de dix ans de prison ferme pour des faits directement liés à l'exercice de ses fonctions ministérielles.

14. Mais le cas le plus spectaculaire est évidemment celui de l'Italie avec la galaxie *Mani pulite*. Il s'agit, comme on le sait, d'une opération qui a ébranlé l'ensemble d'une classe politique, et notamment deux des figures les plus emblématiques de la République, Giulio Andreotti (sept fois président du conseil) et Bettino Craxi.

15. En Belgique, ce sont les affaires Inusop et Agusta Dassault qui donnent lieu à des procès devant la Cour de cassation et à la condamnation d'anciens ministres et présidents de partis à des peines de prison avec sursis.

16. En Grande-Bretagne, plusieurs scandales financiers – affaire Matrix-Churchill, affaire des ventes d'armes à l'Irak, affaire Nadir – ou de mœurs, touchant des ministres ou députés conservateurs, scandales mis en évidence par le rapport Scott, ainsi que le rapport Nolan, sur la déontologie des hommes politiques, ont marqué la dernière législature du gouvernement de M. Major.

17. Aux États-Unis, il y a bien sûr la procédure d'*impeachment* dirigée contre le président Clinton, précédée d'enquêtes sur des agissements datant de l'époque de son mandat de gouverneur en Arkansas, qui ont donné lieu à un important arrêt de la Cour suprême sur la prétendue immunité civile du président en cours de mandat (*Clinton v. Jones*, 1997).

18. Mais il faut aussi mentionner les procédures de destitution qui ont abouti, dans d'autres États américains, notamment celle du président vénézuélien Andres Peres, en septembre 1993, et surtout celle, au Brésil, en décembre 1992, du président Collor, démissionnaire juste avant la réunion en Haute Cour du Sénat qui devait néanmoins, par 76 voix contre 3, prononcer sa condamnation pour avoir « toléré ou bénéficié d'un réseau de trafic d'influences et de corruptions, entachant la dignité de sa charge ».

19. L'inventaire est incomplet – je n'ai pas parlé du Japon, par exemple – mais il est déjà impressionnant. Prédit ainsi ou envisagé il y a 40 ans, il aurait suscité l'incrédulité de tous les juristes. S'agissant de l'Amérique, tous ceux qui ont été étudiants avant le *Watergate* ont appris, avec Lord Brice, que l'*impeachment* était une procédure obsolète, trop lourde et trop complexe pour être utilisée, en dehors de circonstances tout à fait exceptionnelles. Le constat n'était pas très différent dans les pays européens. Hauriou qualifie la Haute Cour d'« institution pour les temps anormaux »[1]. En Belgique, Errera compare la procédure de jugement des ministres devant la Cour de cassation à « une vieille hallebarde qui orne désormais les musées d'artillerie » après avoir souligné que « les procès en responsabilité ministérielle semblent appartenir au passé »[2].

20. Or, il n'est guère vraisemblable que l'apparente désuétude de ces procédures ait pu s'expliquer par un comportement sans reproche des acteurs politiques d'alors. C'était plutôt précisément la lourdeur de ces systèmes, dûment soulignée par les commentateurs, et les incertitudes quant à leur application, qui en avaient périmé l'usage.

« Combien de dossiers, observe un contemporain, contenant des indices d'infractions à charge d'un ministre n'ont-ils pas ainsi été mis au placard, non pour des raisons politiques, mais bien tout simplement parce que le membre saisi du parquet n'avait nulle envie d'entamer le parcours du combattant (...) » ?[3].

On pourrait évidemment s'interroger longuement sur les raisons ayant conduit à un tel bouleversement de la matière, mais ceci dépasse probablement le cadre de notre propos.

21. Ce qui est certain, c'est que la revitalisation des procédures devenues dominantes a généralement abouti rapidement à la conclusion qu'il fallait les changer et qu'il fallait le faire dans le sens d'une mise en conformité avec le droit commun de la répression pénale. Je précise que le champ d'investigation que j'envisage ici est délibérément restreint à la responsabilité pénale des principaux agents de l'exécutif : président, le cas échéant, ministres le plus

---

[1] *Précis de droit constitutionnel*, 2e éd. Sirey, 1929, p. 542.
[2] *Traité de droit public belge*, 2e éd. Paris, 1958, p. 225.
[3] E. Maron, « Les nouvelles règles applicables à la responsabilité pénale des ministre », *Revue de droit de l'Université libre de Bruxelles*, 1997, n° 16, p. 190.

souvent. Mais dans ce cas, il existe dans plusieurs pays des interférences avec le système de l'immunité parlementaire qui doivent être prises en compte du fait de la pratique fréquente d'un cumul des statuts ministériel et parlementaire.

22. Si l'on considère la diversité des systèmes dans leur ensemble, systèmes classiques donc aussi bien que systèmes contemporains, une typologie peut être proposée selon le critère du degré de plus ou moins grande spécificité des procédures par rapport au droit commun.

En suivant les auteurs du précis sur la Cour de justice de la République, on peut ainsi distinguer trois catégories de systèmes :

- « ceux où la mise en accusation résulte d'une procédure spéciale (le plus souvent parlementaire) et où le jugement appartient, également, à une juridiction spéciale ;

- ceux où la mise en accusation résulte d'une procédure spéciale mais où le jugement appartient aux juridictions ordinaires ;

- ceux enfin, où la mise en accusation et le jugement relèvent des procédures et des juridictions ordinaires »[4].

Cette classification est sans doute la plus fonctionnelle que l'on puisse opérer. Elle présente cependant plusieurs inconvénients.

23. Certains sont seulement inhérents à l'effort de simplification que suppose la démarche typologique. Ainsi, sous la rubrique de jugement par les juridictions ordinaires sont compris les systèmes de strict droit commun (Grande-Bretagne, Allemagne) et ceux qui assurent aux ministres accusés un privilège de juridiction en confiant leur jugement à une juridiction supérieure (Belgique, Espagne).

24. En Suisse, c'est le Parlement, instance de mise en accusation, qui décide si les juridictions ordinairement compétentes procèderont au jugement ou si c'est le Tribunal fédéral. Par ailleurs, sous la rubrique « juridiction spéciale » se trouvent assimilés les systèmes qui confient le procès des ministres à la Cour constitutionnelle (Autriche, Italie avant la réforme) et ceux qui la réservent à une instance politique (parlementaire).

25. Un autre défaut de la typologie envisagée est qu'elle repose sur un critère exclusivement organique qui ignore une variable importante, à savoir : si les procédures applicables aux ministres le sont ou non pour les seuls actes accomplis dans l'exercice de leurs fonctions et, subséquemment, si ces procédures sont exclusives d'autres actions devant les juridictions ordinaires. On ne saurait toutefois nier la valeur fonctionnelle de cette classification, car elle est sans doute la seule qui prenne en compte la diversité des situations et qui aboutissent à y mettre un certain ordre. En effet, la seule classification purement logique consisterait à opposer la troisième catégorie, celle des rares pays où le régime pénal des ministres relève du seul droit pénal, et non du droit constitutionnel, à tous les autres. Elle serait d'une faible valeur heuristique. Ce constat induit à suggérer une autre approche qui prendrait en compte la dimension historique de la question.

---

[4] B. Mathieu, Th. Renoux, M. Verpeaux, *La Cour de justice de la République*, PUF, 1997.

26. Cette démarche consiste à rechercher d'abord les origines et les conditions d'émergence des systèmes que j'ai, faute de mieux, qualifiés de classiques, puis, dans un second temps, de dégager les tendances ayant guidé les réformes les plus récentes en la matière et intervenues en même temps que la révision constitutionnelle opérée en France avec la création de la Cour de justice de la République.

I

27. Sauf quelques exceptions scandinaves, le tronc commun de la question me paraît être l'*impeachment* britannique. Je ne reviens pas ici sur ce que tout le monde sait, pour prendre comme point de départ le constat historique suivant : quelle qu'ait pu être, et aussi ne pas être, l'importance de cette procédure dans la naissance d'un exécutif responsable en Angleterre, il s'avère qu'à compter du début du XIXe siècle (1806 : procès de Lord Melville), l'*impeachment* n'est plus utilisé contre les ministres, que ce soit comme moyen d'engager leur responsabilité politique ou pour mettre en œuvre leur responsabilité pénale. Il s'ensuit logiquement que celle-ci tombe dans le droit commun. Mais cette banalisation va rester un temps quelque peu occultée par l'interférence des règles applicables aux ministres membres de la Chambre haute : ils bénéficient en effet ès qualité, à cette époque, d'un privilège de juridiction et ne peuvent être, selon un principe du droit féodal jugés que par leurs pairs. Il en résulte une certaine confusion entre le rôle ainsi assumé par la Chambre des lords et celui qu'elle exerçait comme juge de l'*impeachment*.

28. Mais ces interférences ne changent rien au fond. Dès lors que la responsabilité politique des ministres est établie et assurée par des procédures spécifiques, leur responsabilité pénale a relevé essentiellement du droit pénal commun et non plus du droit politique.

29. En réalité, l'impeachment anglais est pour nous moins intéressant par ce qu'il a été que par la manière dont il a été perçu à l'extérieur. On constate ici l'existence de deux interprétations ou traditions, l'une politique et l'autre judiciaire.

30. Elles peuvent être rapportées à un précédent célèbre de procès ministériel, celui de Strafford.

Strafford fut mis en accusation par la Chambre des communes en novembre 1640 et l'accusation reçue par la Chambre haute. La difficulté était de faire entrer la qualification des actes qui lui étaient reprochés dans le cadre légal de trahison. Le procès pouvait tourner à l'avantage de l'accusé. La Chambre des communes mit en œuvre un *Bill of attainder,* lequel, relevant de la procédure législative, à la différence de l'*impeachment,* ne reposait sur aucune règle judiciaire. C'est ainsi qu'après avoir été adopté par les Communes, le *Bill* fut soumis à la Chambre des lords. A une courte majorité (24 sur 43), les lords votèrent la condamnation à mort[5]. Ce dédoublement d'attitude de la Chambre des lords montre bien le dédoublement fonctionnel qui était le sien dès cette époque : en tant qu'assemblée politique et législative, elle pouvait consentir à ce qu'elle aurait hésité ou refusé de faire comme instance de justice. De cette double fonction procèdent les deux traditions que j'évoquais.

La tradition politique

31. Le système le plus proche et le plus directement inspiré de la procédure historique de l'*impeachment* anglais est l'*impeachment* américain. Mais il ne s'agit en réalité que d'un faux-semblant, qui procède d'une appréhension superficielle des aspects proceduraux.

32. En premier lieu, et comme il vient d'être dit, la Chambre des lords était en Grande-Bretagne le juge de l'*impeachment* en tant qu'institution judiciaire et héritière des pouvoirs de justice des anciens Parlements médiévaux et non en tant que Chambre haute au sens moderne du terme. A ce titre, elle était théoriquement tenue au respect du principe de légalité des délits et des peines et c'est précisément pour s'y être de mieux en mieux conformée que l'*impeachment* politique est tombé en désuétude. En second lieu, l'*impeachment* anglais était essentiellement un procès en trahison, punissable de mort le cas échéant, et non pas un simple procès en destitution d'un office public.

33. Inversement, le Sénat américain apparaît comme le prototype de la Chambre haute moderne, assemblée politique aux compétences essentiellement législatives. Son intrusion dans la fonction judiciaire est plus apparente que réelle puisque son jugement ne peut aboutir qu'à une seule condamnation, la destitution. Une fois celle-ci prononcée, l'« empêché » est passible des juridictions pénales ordinaires (*indictment*). La responsabilité pénale qui procède de l'*impeachment* n'a donc nullement pour objet ni pour effet de le soustraire au droit commun.

34. Dans ces conditions, et compte tenu du faible nombre de précédents, l'*impeachment* apparaît essentiellement comme un correctif. S'il frappe un magistrat indigne, un mauvais juge (ce qui fut le plus souvent le cas), c'est un correctif du principe d'inamovibilité. S'il frappe un président des États-Unis, c'est un correctif de l'absence de responsabilité politique de celui-ci devant le Congrès. Afin d'éviter qu'il ne devienne un moyen ordinaire de poursuite d'une responsabilité dont on écartait le principe, le constituant a pris certaines précautions la majorité des deux tiers requise pour prononcer la condamnation semble être la principale, parce qu'elle résulte expressément de la Constitution.

35. Mais il est un autre élément essentiel : c'est le fait que, bien qu'il soit réputé « empêché » une fois votée sa mise en accusation par la Chambre à la majorité ordinaire, le président accusé reste investi de la plénitude de ses attributions. S'il avait été suspendu de ses fonctions comme les ministres

---

[5] V. P. Bastid, *Les grands procès politiques de l'histoire*, Paris, 1962, p. 182 et s.

« décrétés d'accusation » sous la Constitution française de 1791, le détournement de procédure eût été facile et une évolution parlementariste du régime américain serait vraisemblablement advenue. Les trois tentatives d'*impeachment* qui sont intervenues constituent d'ailleurs des manifestations récurrentes d'une tendance à la poursuite d'une responsabilité politique du président. Certes, le fondement pénal existe. Dans les deux expériences contemporaines (*Watergate* et *Monicagate*) il est en plus sans lien direct avec l'exercice des fonctions présidentielles. Mais il s'agit essentiellement d'un prétexte à un règlement de compte dans le cadre d'un conflit politique aux causes plus essentielles.

36. Sur ce point, le fonctionnement de l'*impeachment* américain rejoint celui de son modèle anglais mais dans une figure de contrepoint : en 1999, le Sénat acquitte un président que tout le monde juge coupable de parjure pour éviter les conséquences politiques et institutionnelles d'une condamnation. Ainsi la pratique de l'*impeachment* américain s'insère mal dans le cadre de la responsabilité proprement pénale.

37. Un second système inspiré de la tradition politique de l'*impeachment* anglais est le système français en vigueur sous les Chartes et la IIIe République. Mais la réception intervint à travers le filtre d'une interprétation doctrinale, celle de Benjamin Constant, qui va induire un dévotement du modèle.

38. Le système proposé par Constant, et qu'il qualifie lui-même du terme d'arbitraire, consiste à donner à la Chambre populaire le droit d'accuser les ministres et à la Chambre haute le pouvoir discrétionnaire de caractériser le délit et d'infliger la peine. C'est ce système qu'on retrouve dans l'Acte additionnel (articles 41 et 42) et qui sera consacré dans la Charte et conservé sous la IIIe République. Cette revendication d'un pouvoir arbitraire en faveur des Chambres, chez Benjamin Constant, ne se réfère à l'*impeachment* que sur la forme, mais sur le fond, renvoie plutôt au *Bill of attainder,* c'est-à-dire à l'exercice d'un pouvoir législatif de prononcer une condamnation sans jugement. Car ce que Constant entend par responsabilité pénale des ministres c'est avant tout la responsabilité politique : la responsabilité ne porte que sur le mauvais usage d'un pouvoir légal ; le reste est du ressort du juge ordinaire.

39. Sur ce point au moins, le système rejoignait la version américaine de l'*impeachment* mais sa pratique s'en est éloignée de plus en plus, révélant chaque fois un dévotement vers une forme de justice politique.

40. A partir de 1875, le faux-semblant sur lequel se fonde le système, et qui résultait de l'assimilation factice du rôle de la Chambre des pairs de la Charte à celui de la Chambre des lords, apparaît avec plus d'évidence, le Sénat étant désormais une assemblée élue et purement politique. Il s'ensuit la dénégation par le politique d'une compétence concurrente du juge pénal ordinaire alors même que les termes de la loi constitutionnelle allaient pourtant dans ce sens et que la Cour de cassation y avait abondé (arrêt de la Chambre criminelle du 24 février 1893 dans l'affaire *Baïhaut*).

41. C'est le procès Malvy, en 1917, qui est l'illustration la plus complète de la dérive. Il commence par la revendication d'un privilège de juridiction par le prévenu (conséquence de l'arrêt *Baïhaut*), conduit à la proclamation par le Sénat d'une souveraineté que rien ne fondait dans. l'ordre constitutionnel et se conclut par le prononcé d'une sanction totalement arbitraire.

Ce faisant, le système s'est lui-même condamné : L'excès de justice politique va induire à l'affirmation d'une responsabilité pénale qui impliquait à terme sa progressive juridictionnalisation, de la Constitution de 1946 à la récente révision de l'article 68.

La tradition judiciaire

42. Elle est illustrée par le système, également dérivé de l'*impeachment* anglais, de la Constitution belge de 1831. Celle-ci, selon Dicey, « ressemble beaucoup à une reproduction écrite de la Constitution anglaise »[6]. Conformément au modèle de l'*impeachment*, la mise en accusation des ministres revient à la Chambre basse. Mais c'est à la Cour de cassation, et non à la Chambre haute, qu'il appartient de les juger.

43. Contrairement aux apparences, encore une fois, le constituant belge, sur ce point, ne s'éloignait pas de son modèle mais au contraire s'y conformait au plus près : le vrai équivalent de la Chambre des lords comme juge de l'*impeachment* est la juridiction judiciaire suprême, et non le Sénat, assemblée politique. Pour le reste, l'article 90 de la Constitution contenait toutes les virtualités susceptibles d'une progressive assimilation au droit commun qui prévalait déjà en Grande-Bretagne à cette époque. Il renvoyait au législateur le soin de déterminer les cas de responsabilité, les peines à infliger aux ministres et le mode de procéder contre eux, mais surtout laissait la porte ouverte à un régime non dérogatoire pour les crimes et délits que les ministres auraient commis hors l'exercice de leurs fonctions.

Ces possibilités n'ont pu être mises en œuvre du fait de la carence du législateur et, en conséquence, l'article 90 ne pouvant être appliqué, ce sont les dispositions transitoires de l'article 134 qui ont dû l'être.

Celles-ci prévoyaient qu'en attendant la loi d'application visée à l'article 90, la Chambre des représentants aurait « un pouvoir discrétionnaire pour accuser un ministre, et la Cour de cassation pour le juger, *en caractérisant le délit et en déterminant les peines* ».

44. Ainsi, d'un système virtuellement voué au droit commun, on tombait dans un autre, ultra-dérogatoire, et exclusif d'un régime concurrent du droit commun. Il n'a connu jusqu'en 1993 qu'une seule application, avec l'affaire Chazal, qui a donné lieu à l'arrêt de la Cour de cassation du 12 juillet 1865[7]. Le ministre Chazal avait enfreint la loi relative à l'interdiction du duel et fut condamné de ce fait à une peine symbolique.

Au vu de cet unique précédent placé de façon quasi caricaturale en dehors du champ de l'action gouvernementale, la doctrine a eu tendance à comprendre le

---

[6] *Introduction to the Law of Constitution,* dans la traduction de B. Jèze, Paris, 1902, p. 81.
[7] *Pasicrisie*, 1865, I, p. 262.

système, au départ donc purement transitoire, comme exclusivement destiné à éviter aux gouvernants un harcèlement procédural émanant des gouvernés.

45. Le caractère obsolète de cette conception protectionniste n'est apparu que très récemment au grand jour à l'occasion des affaires Inusop et Agusta Dassault qui mettaient cette fois clairement en cause l'action des ministres dans le cadre de leurs fonctions.

46. Le système autrichien peut s'analyser en un dérivé du système belge précité et donc de la tradition judiciaire de l'*impeachment* anglais. Son caractère spécifique se trouve dans le fait que, conservant au Parlement la compétence de mettre les ministres en accusation, il en confie le jugement non plus à la cour judiciaire suprême mais bien à la juridiction constitutionnelle spécialisée.

47. Il est symptomatique que ce choix ait été fait d'emblée par le pays qui est à l'origine du modèle européen de cour constitutionnelle. L'option est conforme à la tradition judiciaire illustrée en Belgique en tant qu'elle exclut le jugement des ministres par un corps politique tout en leur conservant un privilège de juridiction, mais elle l'enrichit d'un élément nouveau en plaçant la responsabilité pénale des gouvernants dans le cadre de la protection de l'ordre constitutionnel et en maintenant ainsi, en dernière analyse, à la problématique sa note de droit constitutionnel.

48. Le système italien en vigueur jusqu'en 1989 était partiellement inspiré de l'exemple autrichien mais avec un correctif plus ou moins issu de la tradition politique. Aux termes de l'article 135 originel de la Constitution, « dans les jugements d'accusation contre le Président de la République et contre les ministres, interviennent outre les juges ordinaires de la Cour[8], 16 membres élus au commencement de chaque législature par le Parlement en séance commune parmi les citoyens remplissant les conditions pour être élus sénateurs ».

49. Ces dispositions ne sont plus applicables qu'au seul chef de l'État. En 1989, le système a connu une révision radicale. Il en a été de même du système belge, au terme de plusieurs révisions, de 1993 à 1998.

II

Il m'a paru utile d'analyser quelques aspects de ces deux réformes qui peuvent être comparées à celle qui est intervenue en France dans le même temps.

LES CAUSES DES RÉFORMES

50. La première, dans les deux cas comme en France, se trouve dans une donnée de fait : c'est le poids des affaires. Il est superflu d'y insister sauf à tenter de cerner quelques causes connexes.

[8] Lesquels sont au nombre de 15.

C'est bien sûr parce que le caractère exceptionnel des procédures aboutissait, du fait notamment de leur lourdeur et de leur politisation, à de véritables dénis de responsabilité (v. *supra*), que s'est développé dans l'opinion publique le sentiment de ce que Jean Foyer a qualifié d'immunité pénale[9] et plus largement encore d'une impunité de la classe politique. Les procédures ont d'ailleurs parfois sciemment été utilisées à cette fin. Ainsi, en Belgique, en 1989, Marc Uyttendaele relève que « la commission spéciale de la Chambre a estimé qu'il n'y avait pas lieu à poursuivre trois ministres ou anciens ministres, appartenant à trois formations politiques différentes. S'agissait-il dans les trois cas de poursuites arbitraires ou fantaisistes ? On n'ose le croire »[10]. La même tendance a souvent été dénoncée en France.

51. Une nouvelle sensibilisation de l'opinion publique à cette question s'est développée en même temps que la conquête par l'autorité (ou le pouvoir) judiciaire d'un rôle nouveau dans l'État. C'est évidemment en Italie que c'est le plus particulièrement frappant : la collusion, souvent en forme de soumission, entre le judiciaire et le politique, a cessé d'opérer.

52. Une fois mises en mouvement, les procédures ont confirmé les inconvénients déjà dénoncés (lourdeur, politisation, absence d'un double degré de juridiction) mais encore d'autres qui n'avaient pas été envisagés. Ainsi, en Italie, le jugement étendu sur trois ans de l'affaire Lockheed, à l'endroit des ministres Gui et Tanassi, est venu aggraver dans des proportions considérables les retards à statuer de la Cour constitutionnelle en matière de contrôle de constitutionnalité. Un effet comparable a été ressenti en Belgique pour la Cour de cassation du fait du traitement des affaires Inusop et Agusta Dassault.

53. Un autre effet pervers est celui de la médiatisation excessive des procédures dès l'instant où a été prise une décision parlementaire de mise en accusation d'un ministre, médiatisation nocive pour l'accusé et aussi pour le bon déroulement de l'instruction[11].

Les objectifs

54. L'ensemble de ces constats a déterminé l'objectif des réformes intervenues qui comportent pourtant, entre l'Italie et la Belgique (de même que la France) des différences sensibles qui procèdent de celles ressenties dans la perception des inconvénients précités.

55. Ainsi, sur le point essentiel de la mise en accusation, le nouveau système italien a conservé le principe d'une autorisation parlementaire (article 96 révisé de la Constitution) même lorsque les ministres ne sont plus en charge. Dans le nouveau système belge, en revanche, le principe est que les poursuites peuvent être intentées librement par le ministère public (mais non par l'action des

---

[9] V. J.-P. Pastorel, « Droit comparé et réforme des mécanismes de jugement des ministres », *RD publ.*, 1995, p. 1351.

[10] *Regards croisés sur un système institutionnel paradoxal*, Bruxelles, Bruylant, 1997, p. 328.

[11] E. Maron, art. cit. p. 189.

particuliers) tout en maintenant la nécessité d'une autorisation parlementaire dans certains cas, notamment la citation directe et l'arrestation.

56. Sur ce point, la révision constitutionnelle s'aligne sur celle intervenue un an auparavant (28 février 1997) relative à l'immunité parlementaire et dont il était logique de prévoir qu'elle aurait des conséquences sur la responsabilité des ministres[12]. Il est apparu « totalement inadéquat de confier à un organe politique un rôle de nature juridictionnel » tel que la mise en accusation[13] . De plus, énonce l'exposé des motifs de la proposition de révision, « on sait par expérience qu'une instance politique n'est pas l'organe le plus approprié pour assumer la fonction de juridiction d'instruction ». Ainsi, poursuit l'exposé des motifs, « la présente proposition part du principe que l'application d'un régime d'exception régissant la responsabilité pénale d'un ministre ne se justifie que dans la mesure où elle tend à permettre à celui-ci de continuer d'exercer normalement sa fonction et qu'elle ne peut nullement viser à protéger la personne du ministre. Il s'agit de protéger la continuité du travail du gouvernement contre des procès téméraires et vexatoires. D'autre part, la fonction de ministre doit être protégée contre des procès qui s'inspirent de motivations d'ordre politique »[14].

57. C'est pourquoi, sur ce point, le nouveau système belge a conservé en partie une spécificité qui était déjà absente des systèmes italien et français antérieurs aux réformes. Le régime dérogatoire ne s'applique pas seulement aux infractions commises par les ministres dans l'exercice de leurs fonctions mais aussi aux autres pour lesquelles les ministres sont jugés durant l'exercice du mandat ministériel (article 103 de la Constitution).

58. Enfin s'agissant du jugement des ministres, alors que la France a sauvegardé le principe d'une juridiction spéciale composée majoritairement de parlementaires, conformément à sa tradition politique de la responsabilité pénale, l'Italie et la Belgique ont persévéré dans leur tradition judiciaire en alignant le régime pénal des ministres sur celui du droit commun.

59. En Italie, le nouvel article 96 de la Constitution prévoit qu'ils sont soumis « pour les délits commis dans l'exercice de leurs fonctions, à la justice ordinaire », c'est-à-dire au tribunal du chef-lieu de district de la Cour d'appel territorialement compétente.

60. En Belgique a été maintenu un relatif privilège de juridiction, celui-là même dont bénéficient les magistrats dans le champ d'application du régime dérogatoire défini ci-dessus, les ministres seront jugés par la Cour d'appel. En évoquant ces diverses réformes, on constate évidemment d'abord que l'assimilation au droit commun a beaucoup progressé mais on perçoit aussi immédiatement ensuite que les dispositifs dérogatoires résistent bien, selon des variantes impliquées par les traditions constitutionnelles nationales.

61. Ce double constat révèle bien une aporie : la recherche d'une responsabilité spécifiquement pénale des acteurs politiques, qui implique leur soumission au droit pénal commun, ne conduit-elle pas à la négation de son

---

[12] E. Maron, art. cit. p. 196.
[13] *Ibid.* p. 183.
[14] Doc. parl., Chambre, n° 1258/1, p. 2-3.

caractère constitutionnel qui seul, pourtant, justifie de conserver, au moins sous certains aspects des procédures dérogatoires ?

62. La volonté, observée chez les promoteurs et futurs bénéficiaires des réformes, d'instituer l'une et en même temps de maintenir les autres procède certainement d'excellentes intentions, mais la démarche ainsi suivie ne va pas sans risque.

Qu'adviendrait-il en effet si les inconvénients des anciens et des nouveaux systèmes venaient non pas à se neutraliser mais bien à s'additionner ? Il est remarquable en tout cas que le cadre des réformes soit toujours resté strictement enserré dans la problématique pénale alors que celle-ci apparaît souvent inadaptée (c'était en particulier le cas en France avec l'affaire du sang contaminé) à une sanction raisonnée des fautes imputables aux politiques

L'envie du pénal (Ph. Murray) semble ainsi avoir éteint les facultés d'imagination des constituants.

Aucune proposition n'a été faite en vue d'instituer une responsabilité de type professionnel pour les acteurs politiques – alors que ceux-ci n'hésitent plus à revendiquer ce caractère pour leur activité – responsabilité fondée sur une déontologie contraignante et assortie des seules sanctions qui paraissent réellement adéquates : la suspension ou l'interdiction d'exercer des mandats publics.

2

L'*IMPEACHMENT* AUX ÉTATS-UNIS

Elisabeth ZOLLER
Professeur à l'Université Panthéon-Assas (Paris II)
Directeur du Centre de droit américain

63. L'*impeachment* est une procédure américaine de destitution de personnes investies des plus hautes charges publiques qui est mise en œuvre et administrée par le Congrès des États-Unis[1]. Il est réglementé par plusieurs dispositions de la Constitution fédérale qui sont les suivantes. L'article 11, section 4 donne indication d'une part, des personnes visées, et d'autre part, des conditions susceptibles de justifier un impeachment. L'article I, section 2, clause (5) et (6) organise et distribue la procédure à suivre entre la Chambre des représentants et le Sénat. Enfin, l'article I, section 2, clause (7) énonce la sanction prévue. C'est par ce dernier trait qu'il faut commencer pour situer cette procédure par rapport au problème plus général de la responsabilité pénale des hommes politiques qui est le thème de cette journée.

L'OBJET DE L'*IMPEACHMENT*

64. L'article 1, section 2 (7) dispose qu'en cas d'aboutissement d'une procédure d'*impeachment,* « la sentence ne pourra excéder la destitution ou l'incapacité de tenir et de bénéficier de toute fonction honorifique de charge de confiance ou rémunérée relevant des États-Unis ». L'*impeachment* ne relève donc pas de la responsabilité pénale. Il ne vise pas à atteindre l'individu dans sa vie, dans sa liberté ou dans ses biens. Il ne sert qu'à une chose : retirer le pouvoir

---

[1] La bibliographie sur l'*impeachment* est considérable. L'analyse juridique la plus complète et la plus fine reste celle de Charles L. Black, Jr., *Impeachment, A Handbook,* New Haven and London, Yale University Press, 1974. Plus polémique est l'ouvrage de Raoul Berger, *Impeachment : The Constitutional Problems,* Cambridge, Massachusetts, Harvard University Press, 1973. Un livre plus à jour et très complet est celui de Michael J. Gerhardt, *The Féderal Impeachment Process : A Constitutional and Historical Analysis,* Princeton, N.J., Princeton University Press, 1996. Une étude objective et bien documentée des principaux *impeachments* intervenus depuis les origines a été réalisée par Emily Field Van Tassel & Paul Finkelman, *Impeachable Offenses, A Documentary History From 1787 to the Present,* Washington, D.C., Congressional Quaterly Inc., 1999.

à celui qui en est frappé. Ce n'est rien de plus qu'une destitution, une mesure administrative, un acte de bonne administration de la vie publique.

65. Aux États-Unis, la responsabilité pénale des hommes publics est administrée par les juridictions de droit commun et il peut s'agir, selon les cas, de cours d'État ou de cours fédérales. L'article 1, section 2 (7) le prévoit d'ailleurs expressément en ces termes : « la partie condamnée n'en sera pas moins responsable et sujette à accusation, procès, jugement et punition, conformément à la loi ». Dans la pratique, le procès pénal peut précéder, accompagner ou suivre la procédure d'*impeachment*. L'*impeachment* n'a jamais été considéré comme un préalable à la mise en œuvre de poursuites pénales contre des membres de l'administration présidentielle (par exemple, les différents secrétaires du Président) ou encore contre des juges fédéraux. Il est aujourd'hui bien établi dans la pratique judiciaire que ces personnes peuvent faire l'objet de poursuites pénales sans avoir été préalablement « *impeached* ». Il n'y a que pour le Président que la question n'est pas absolument tranchée. Il semblerait que son immunité de juridiction, pour autant qu'elle subsiste, le protégerait contre d'éventuelles poursuites pénales. Toutefois, il faut noter que cette immunité ne découle pas des dispositions sur l'*impeachment,* mais de son statut de chef de l'exécutif.

Les personnes concernées

66. En tant que procédure de destitution des hommes publics, l'*impeachment* est un mécanisme assez unique en son genre. On en comprend mieux la spécificité si on considère de près ceux qu'il peut frapper. Aux termes de l'article II, section 4, la procédure est applicable au « Président, (au) Vice-Président, et (à) tous les 'officiers' (*officers)* civils des États-Unis ». Les affaires Nixon et Clinton ont fait connaître en France l'*impeachment* du Président ; mais l'*impeachment* des « officiers » est mal connu. Les « officiers » en question sont les titulaires des plus hautes fonctions de l'Union. Il s'agit uniquement des agents qui ont été désignés par le Président et confirmés par le Sénat, par opposition aux simples « employés » (*employees*) dont la nomination et la révocation ressortent de la seule compétence du pouvoir exécutif. On notera aussi que les officiers dont s'agit sont des agents civils, et non militaires, bien que ces derniers soient nommés selon la même procédure. Le silence de la Constitution sur la révocation des « officiers » militaires s'explique essentiellement par leurs conditions de révocation. Tandis que les plus hauts « officiers » militaires, tous responsables devant le Président, sont révocables *ad nutum,* les plus hauts agents civils de l'Union soit tiennent leur pouvoir d'un mandat qu'on ne peut abroger (c'est le cas du Président et du Vice-Président), soit sont inamovibles (c'est le cas des juges fédéraux). Pour leur ôter le pouvoir, il n'y a donc pas d'autre moyen que de les destituer.

LES CAUSES D'*IMPEACHMENT*

67. Pour quels faits une procédure d'*impeachment* peut-elle être déclenchée ? L'article 2, section 4 de la Constitution envisage trois hypothèses : la trahison, la corruption ou d'autres hauts crimes et délits (*Treason, Bribery, or other high Crimes and Misdemeanors*).

68. La trahison ne pose pas de difficultés, d'autant plus qu'elle est définie très précisément à l'article III, section 3.

« La trahison envers les États-Unis ne consistera que dans l'acte de s'armer contre eux, ou celui de s'allier à leurs ennemis en leur donnant aide et facilité ». Cette définition semble couper court à toute possibilité d'utiliser ce chef d'accusation, si commun en Angleterre aux XVIIe et XVIIIe siècles dans l'exercice de la justice politique et si propice aux plus graves abus, autrement que dans un contexte international.

69. La corruption s'entend de la corruption active et passive. A la Convention de Philadelphie, le Gouverneur Morris avait donné l'exemple du roi d'Angleterre, Charles II, qui « avait été acheté par Louis XIV ». La corruption peut toutefois soulever de difficiles problèmes de preuves et de qualification juridique des faits. Charles L. Black, Jr., professeur à Yale, soulevait en 1974 une bien intéressante question[2]. « Le fait de proposer à un juge fédéral saisi d'une importante affaire intéressant le gouvernement de l'Union un poste prestigieux comme celui, par exemple, de directeur du FBI, est-il un acte constitutif de corruption ? ». Il n'y a pas évidemment de réponse automatique, et tout dépend des faits. C'est ici, comme on le verra plus tard, que la procédure rejaillit sur le fond et que, pour éviter tout arbitraire dans ce genre d'accusations, la procédure doit être organisée de telle sorte qu'elle oblige à procéder à l'examen des faits d'une manière aussi impartiale que possible.

70. La troisième cause d'*impeachment* – les « autres hauts crimes et délits » – appelle quelques commentaires. Contrairement à ce que le sens premier des mots inclinerait à penser, cette expression n'a jamais été réduite à une signification purement et exclusivement pénale. Le problème a été examiné en 1974 de façon très approfondie par la commission des affaires judiciaires de la Chambre des représentants au moment de l'affaire Nixon. La commission avait souligné que ces termes relevaient d'une « expression consacrée » (*term of art*) et qu'à ce titre ils pouvaient, et même devaient (comme l'avait expliqué le Président Marshall en 1807), être interprétés en fonction de la signification qu'ils avaient lorsqu'ils furent introduits dans la Constitution[3].

71. A l'origine, l'*impeachment* n'avait été prévu que dans les cas de « trahison » et « corruption ». A la fin de la Convention de Philadelphie, neuf jours seulement avant que le texte ne soit définitivement adopté, soit le 9 septembre 1787, les dispositions sur l'*impeachment* furent revues par l'un des derniers comités de la Convention. George Mason, délégué de la Virginie,

---

[2] Ch. L. Black, Jr., *Impeachment, A Handbook*, *op. cit.*, p. 26.

[3] V. Staff of House Comm. on the Judiciary, 93rd Cong., 2nd Sess., *Constitutional Grounds for Presidential Impeachment*, p. 9.

souleva la question de savoir pourquoi l'*impeachment* était limité aux seuls cas de trahison et de corruption. Selon lui, dans la mesure où la Constitution interdisait les lois emportant condamnation sans jugement, ces *bills of attainder* qui, disait-il, avaient permis de sauver la constitution d'Angleterre, il était indispensable d'étendre le pouvoir d'*impeachment.* Il proposa donc d'ajouter aux cas de trahison et de corruption celui de « mal administration ». James Madison fit observer qu'une expression aussi vague revenait à faire dépendre le mandat présidentiel du bon vouloir du Sénat. Mason retira sa proposition et y substitua le terme de « hauts crimes et délits » qui, à l'époque, figurait dans la pratique parlementaire britannique depuis plus de quatre cents ans.

L'échange de vues assez bref qui eut lieu entre Mason et Madison à la Convention de Philadelphie appelle deux remarques. La première est que la possibilité de révoquer le Président pour mauvaise administration, mauvaise gestion, faute politique, bref pour ce qui dans un régime parlementaire justifierait une mise en jeu de la responsabilité politique du chef de gouvernement, a été envisagée par les constituants, mais non acceptée comme telle. L'*impeachment* ne sert pas, en effet, à mettre en jeu la responsabilité politique du chef de l'exécutif au sens où ce terme est compris dans le régime parlementaire. Tous les constitutionnalistes américains s'accordent pour reconnaître que seuls des faits graves mettant en péril la société et l'État peuvent justifier un *impeachment.*

72. La seconde remarque est que l'*impeachment* a été conçu pour remplacer la pratique des *bills of attainder* dont Mason pensait qu'ils avaient sauvé la constitution d'Angleterre. Ce dernier point mérite explication. Un *bill of attainder* est resté en droit constitutionnel américain une loi qui emporte condamnation d'un individu sans jugement. Mais tel qu'il fut utilisé par le Parlement d'Angleterre, notamment aux XVIe et XVIIe siècles sous les Tudor et les Stuart, le *bill of attainder* avait une signification plus précise. Il s'agissait d'une loi qui permettait de condamner à mort une personne, le plus souvent une personne investie de fonctions officielles, sans jugement judiciaire pour « trahison » ou « félonie », autant dire pour des « crimes » qui ne sont définis nulle part et qui, le plus souvent, n'étaient même pas considérés comme tels au moment où ils étaient commis. La loi en question emportait confiscation de tous les biens de l'intéressé et, plus encore, elle l'« atteignait » (*to attain*) dans son sang, lequel était à jamais souillé, avec pour conséquence que ses descendants ne pouvaient pas hériter. Le *bill of attainder* se distinguait du *bill of pains and penalties* qui était utilisé pour des « crimes » moins graves. Cromwell ainsi que Guillaume et Marie, prince et princesse d'Orange, au début de leur règne, y eurent recours. Pendant la révolution américaine, quelques législatures d'États l'utilisèrent aussi contre des Tories pour se saisir de leurs biens. Les constituants de Philadelphie avaient conçu pour cette procédure une telle répulsion qu'ils en interdirent l'usage au Congrès comme aux États et ils complétèrent cette première interdiction par l'interdiction de passer des lois rétroactives. Avec ces deux interdits, les Américains ont à l'évidence voulu éliminer de leur système constitutionnel le jugement politique. Plus encore, l'interdiction des *bills of attainder* et des lois rétroactives permet de jeter un éclairage intéressant sur ce que peut recouvrir la notion de « hauts crimes et délits ». Contrairement à ce que

Gerald Ford, à l'époque représentant à la Chambre, avait pu déclarer en 1970 quand il s'agissait de déclencher une procédure d'*impeachment* contre un juge à la Cour suprême (William O. Douglas), les causes d'*impeachment* ne sont pas purement et simplement celles que le Congrès décide de considérer comme telles. Si l'on raisonne à partir de l'esprit de la Constitution, et notamment si l'on tient compte de l'interdiction des *bills of attainder* qui sont justement ces lois qui incriminent comme « hauts crimes et délits » ce qu'il plaît à une assemblée politique, le Congrès n'est pas libre de considérer comme répréhensibles n'importe quels types d'actes ou encore des faits qui n'étaient pas sanctionnables au moment où ils furent commis.

73. Les causes d'*impeachment* ne coïncident toutefois pas avec les crimes ordinaires. On a parfois prétendu que l'*impeachment* ne pouvait légalement atteindre le Président, le Vice-Président, un juge fédéral ou tout autre haut fonctionnaire que pour des faits pénalement punissables. La réalité semble plus complexe. Pour prendre un exemple donné par Charles Black, un Président qui s'engagerait à ne nommer aucune personne de religion catholique à un quelconque emploi au service des États-Unis ne commettrait certes aucune infraction pénale. Cependant il se rendrait coupable d'une violation manifeste des dispositions de l'article VI (3) de la Constitution ainsi que de celles du premier amendement sur la liberté de religion. Il n'est pas irréaliste de penser qu'il pourrait y avoir matière à mettre en œuvre la procédure d'*impeachment* contre lui. Inversement tout crime ou délit n'est pas de nature à justifier un *impeachment.* Ici encore, un exemple donné par Charles Black invite à la réflexion. Un Président qui assisterait un(e) jeune interne de la Maison Blanche à dissimuler 100 g de marijuana se rendrait coupable d'entraves à la justice. Il est douteux que ce genre d'activités aille jusqu'à justifier un *impeachment.* L'affaire Clinton a fourni une preuve éclatante de la nécessité de distinguer entre infraction pénale et « *impeachable offense* ». Les mensonges de M. Clinton au cours de ses dépositions dans le procès Paula Jones ainsi que ses efforts pour dissimuler une relation intime qui se trouvait être essentielle à l'administration des preuves dans ce même procès pouvaient être considérés, pour autant bien entendu qu'on les tenait pour matériellement constitués, comme constitutifs de parjure et d'entraves à la justice, autrement dit d'infractions pénales au regard du droit fédéral. Le Sénat a toutefois refusé de considérer ces faits comme de « hauts crimes ou délits » susceptibles de justifier une destitution, mais il n'a pas dit non plus s'ils étaient constitutifs d'infractions pénales.

74. Bien que la procédure d'*impeachment* ait pratiquement toujours été déclenchée sur le fondement de faits qui étaient pénalement condamnables, la doctrine américaine s'accorde pour reconnaître que les causes d'une destitution de fonctions ne peuvent pas être cantonnées dans le cercle étroit du droit pénal. Qu'il s'agisse de la doctrine ou de la pratique étudiée dans les rapports des commissions du Congrès, dans tous les cas les causes de l'*impeachment* sont présentées comme découlant de faits qui, sans être nécessairement des crimes ou des délits au sens technique, menacent tellement la stabilité et l'ordre de la société politique qu'il devient dangereux de maintenir leurs auteurs en fonction. Pour qu'il y ait *a « impeachable offense »,* il faut plus qu'un crime ou un délit ; il faut que ce crime ou ce délit soit constitutifs d'une atteinte grave au fonctionnement des institutions (*serious offense against the system of government*)[4]. C'est dire qu'il est impossible de dresser une liste des crimes et délits susceptibles de justifier une destitution. L'appréciation des faits et leur qualification juridique dépend des circonstances, d'où l'intérêt capital d'une certaine juridictionnalisation de la procédure pour limiter les risques d'arbitraire.

LA PROCÉDURE DE L'*IMPEACHMENT*

75. La procédure joue un rôle absolument décisif en matière d'*impeachment*. La raison tient au fait que c'est la procédure, et elle seule, qui peut absoudre l'*impeachment* de tout caractère arbitraire. Par la force des choses, les causes de l'*impeachment* demeurent, on vient de le voir, floues et imprécises. On ne voit pas comment elles ne pourraient pas rester telles, car à supposer qu'elles ne le soient pas, cette procédure ne pourrait pas servir l'un des buts que le constituant lui a assignés : retirer le pouvoir à ceux qui se rendent coupables de « mal administration » caractérisée, c'est-à-dire de graves fautes mettant en péril les institutions. La difficulté est qu'il est impossible de définir précisément de tels actes à l'avance. Pour éviter que la procédure de l'*impeachment* ne se transforme en un mécanisme odieux et arbitraire, il faut l'entourer de garanties procédurales très solides. Aussi bien au départ la Convention de Philadelphie avait-elle prévu de remettre les jugements d'*impeachment* au pouvoir judiciaire. Cette solution devait être écartée dès lors que les juges fédéraux étaient eux-mêmes justiciables de cette procédure, les conflits d'intérêt risquant à l'évidence d'être déterminants dans le jugement des intéressés.

76. La procédure de l'*impeachment* est partagée entre la Chambre des représentants et le Sénat. D'un point de vue technique, seule la Chambre des représentants exerce le pouvoir d'*impeachment. Impeachmen*t signifie ici « accuser », plus précisément « mettre en accusation ». Les chefs d'accusation sont appelés « articles » d'*impeachment. La* Chambre peut mettre en accusation à la majorité simple des présents. Depuis les origines, la Chambre a formellement accusé, c'est-à-dire « *impeached* » seize personnes, dont trois Présidents (Johnson, Nixon et Clinton). Le Sénat, quant à lui, « juge » tous les *impeachments.* Il lui appartient de décider sur le fondement des preuves présentées si l'accusation formulée par la Chambre est vraie et, le cas échéant, si les faits reprochés sont de nature à justifier un *impeachment.* Dans l'affirmative, le vote du Sénat emporte condamnation (*conviction*) à la destitution. Cette décision ne peut être acquise que par un vote à la majorité des deux tiers des sénateurs présents. Sur les seize individus accusés par la Chambre depuis les origines, le Sénat a « condamné », c'est-à-dire destitué, sept d'entre eux. Le Sénat n'a jamais destitué un Président.

77. Cette procédure en deux temps a été empruntée à la pratique britannique dans laquelle l'*impeachment* est prononcé par la Chambre des Communes et la

---

[4] *Constitutional Grounds for Presidential Impeachment, op. cit., supra*, n° 3, p. 20.

condamnation décidée par la Chambre des Lords. Elle est aussi calquée sur la procédure criminelle américaine de droit commun au niveau fédéral qui comprend deux phases : la mise en accusation qui est décidée par un grand jury et le jugement qui est rendu par un autre jury, le petit jury. Les articles d'*impeachment* correspondent aux différents chefs d'accusation qui sont présentés au grand jury, et le vote du Sénat sur chacun des articles, considérés l'un après l'autre, est la réplique du vote du petit jury sur les chefs d'accusation dans un procès criminel de droit commun. Cette procédure en deux temps, imposée par le Constituant au Congrès, est la garantie d'un examen minutieux des charges formulées contre l'accusé et emporte l'assurance, essentielle dans la conception américaine du procès équitable, que les preuves seront examinées deux fois, et chaque fois par deux instances distinctes. C'est aussi l'assurance que la destitution ne sera pas prononcée pour des causes immatérielles.

78. A la Chambre des représentants, la procédure est minutieusement expliquée dans le Règlement de la Chambre et commentée avec même des références à la pratique britannique (le plus souvent pour contraster les deux pratiques américaine et britannique)[5]. Il existe plusieurs manières de mettre en mouvement une procédure d'*impeachment.* L'accusation peut être formulée par un représentant soit directement en séance, soit le plus souvent par le biais d'un mémoire qui est transmis pour examen à la commission des affaires judiciaires (*Judiciary Committee*). La Chambre peut aussi être saisie par une résolution commune, par un message du Président, par la législature d'un État (ou d'un territoire), par un grand jury, par l'une des commissions de la Chambre, ainsi que par le Procureur indépendant – qui n'existera plus après l'expiration de la loi qui l'avait initialement créé, le Congrès ayant refusé après les dérives de l'affaire Clinton de renouveler l'expérience. Bien que la Constitution ne l'exige pas, la pratique a toujours consisté à renvoyer l'affaire à l'une des commissions de la Chambre pour examen, laquelle en principe est la commission des affaires judiciaires. La commission a pour tâche de rassembler les preuves. Celles-ci seront constituées par les enquêtes et investigations faites par le personnel de la commission, ou encore par les rapports émanant le cas échéant d'un grand jury. Dans le système procédural américain, que ce soit au civil ou au pénal, l'administration des preuves se fait par priorité par voie orale. Le même principe s'applique aux procédures menées par la Chambre, à cette réserve près que le Congrès n'étant pas lié par les règles du *due process of law,* les règles minutieuses du droit de la preuve (*évidence*) ne s'appliquent pas aux témoignages qui peuvent être recueillis par la commission. La commission peut décider d'entendre l'intéressé ou ses avocats. Elle a aussi la possibilité de forcer la comparution des témoins devant elle par des *subpoenas,* c'est-à-dire par des citations impératives à comparaître sous peine de sanctions pénales. En sus du rassemblement des preuves, il appartient à la commission de qualifier les faits retenus et de dire si, à son avis, ces faits sont de nature à constituer une *impeachable offense,* c'est-à-dire un acte de nature à justifier une destitution.

---

[5] United States. Congress. House of Representative. Constitution, Jefferson's Manual and Rules of the House of Representatives of the United States, H. Doc. No. 104-262 (104th Congress, 2nd Session, 1997), Sec. LIII, § 601-620.

79. Le rapport de la commission est examiné par la Chambre en séance plénière. A ce stade, il est concevable que la Chambre décide de renoncer à un chef d'accusation, mais il est très improbable qu'elle en ajoute un nouveau. Ceci reviendrait à désavouer le travail accompli par la commission et risquerait de paraître suspect aux yeux de l'opinion publique comme du Sénat. La Chambre vote à la majorité simple des présents pour savoir s'il y a matière à accuser l'intéressé – le quorum est fixé à la majorité absolue des représentants. Elle peut aussi voter sur la recommandation d'*impeachment* que lui soumet la commission, celle-ci étant alors chargée de rédiger les articles d'accusation. Dans les deux cas, un vote affirmatif de la Chambre a pour effet de renvoyer l'accusé devant le Sénat pour être jugé. En principe, lorsque la Chambre des représentants décide qu'il y a matière à *impeachment,* elle fait en sorte de prendre sa décision à une large majorité qui transcende les clivages partisans. Un vote positif acquis sur des lignes de fractures partisanes a toutes les chances d'apparaître partial au Sénat. Enfin, le dernier rôle de la Chambre est de choisir parmi ses membres ses procureurs (*managers*) qui défendront son vote devant le Sénat en formation de jugement.

80. A réception des articles d'accusation votés par la Chambre et de la liste des procureurs désignés par la Chambre, il appartient au Sénat de se transformer en juridiction de jugement pour la poursuite de la procédure. Ici encore, la procédure est minutieusement prévue dans le Règlement de la Chambre haute[6]. Lorsque le Président est accusé, le Président de la Cour suprême remplace le Vice-Président à la présidence du Sénat. Au début de tous les procès d'*impeachment,* les sénateurs prêtent serment « de rendre la justice de manière impartiale conformément à la Constitution et aux lois ». Ce serment, et bien d'autres indices tirés de la procédure suivie, démontrent que, lorsqu'il statue comme juridiction de jugement dans les affaires d'*impeachment*, le Sénat n'est manifestement plus dans le rôle d'une assemblée politique. Est-il une cour au sens propre du terme ? La question est difficile à trancher. Une chose est sûre : la procédure est fortement juridictionnalisée. Peut-être la raison est-elle à rechercher dans le projet initial du texte constitutionnel tel qu'il avait été discuté à Philadelphie. A l'origine, il avait été prévu de confier les jugements d'*impeachments* à la Cour suprême. La soumission des juges fédéraux à cette procédure a rendu cette solution impossible. Mais, de la formule initialement prévue, est restée l'idée que le jugement d'*impeachment* doit s'apparenter autant que faire se peut à un procès judiciaire. La principale difficulté est de s'assurer que les sénateurs statueront comme des juges intègres ou des jurés impartiaux. La vérité est qu'il n'y a pas dans ce délicat problème d'autre solution que de s'en remettre « à la conscience de chaque sénateur ». Si l'on considère la manière dont le Sénat a voté dans le procès en destitution du Président Clinton, il est remarquable de constater que ni les sénateurs républicains, ni les sénateurs démocrates n'ont respectivement fait le plein des voix républicaines ou

---

[6] United States. Congress. Senate. Senate Manual Containing the Standing Rules, Orders, Laws, and Resolutions Affecting the Business of the United States Senate, S. Doc. No. 101-I (101st Cong., 1st session, 1989), Rules of Procedure and Practice in the Senate When Sitting on Impeachment Trials [100-126], pp. 177-185.

démocrates. Cette expérience permet de vérifier une fois de plus combien le bon fonctionnement des mécanismes constitutionnels américains dépend de la souplesse des partis politiques.

81. Une fois que les sénateurs ont prêté serment et que le Président de la Cour suprême a été investi dans ses fonctions de président de séance, le Sénat commence à entendre les parties. Les procureurs de la Chambre présentent l'accusation et jouent le rôle que joue en France le ministère public. Le Président, si c'est lui qui est en cause, est généralement représenté par ses conseils, mais il peut comparaître en personne, exactement comme le ferait un accusé au cours d'un procès pénal. Chaque partie fait citer ses témoins et présente ses preuves à charge et à décharge sur chacun des articles d'accusation votés par la Chambre. Sur toutes les questions de procédure, en particulier sur les questions très techniques de recevabilité des preuves, le Président de la Cour suprême décide, mais ses décisions peuvent être renversées à la majorité des sénateurs présents. Les règles de procédure du Sénat sur les procès d'*impeachment* (notamment la *Rule IX*) prévoient la possibilité pour la Haute Assemblée de désigner un comité de douze sénateurs pour recueillir les preuves orales et écrites administrées par chacune des parties, à charge pour ce « comité des douze » de faire rapport à la Chambre en formation plénière. Cette disposition dont la constitutionnalité fut un temps discutée, a été ultérieurement validée indirectement sur le plan constitutionnel par la Cour suprême en 1993 dans une affaire *Nixon v. United States*[7]. De ce comité des douze, on est tenté de dire que le chiffre douze a été manifestement inspiré par le nombre des jurés qui siègent dans les jurys en matière criminelle. La procédure criminelle américaine étant par priorité orale, les témoignages revêtent une grande importance. En principe, les témoins déposent à la Chambre haute directement en séance plénière ou devant son comité des douze. On relèvera que les conditions embarrassantes de l'affaire Clinton ont conduit le Sénat à déléguer à certains de ses membres le soin de recueillir les témoignages des principaux intéressés (à l'exception du Président lui-même) en dehors de l'enceinte du Sénat lui-même, dans un grand hôtel de Washington. Après le déluge d'informations écrites et orales recueillies dans cette affaire, il aurait pu sembler que l'audition des acteurs et témoins de celle-ci n'était peut-être pas indispensable. Le fait que les sénateurs en aient décidé autrement prouve, s'il en était besoin, à quel point l'oralité est une composante essentielle de la procédure en Amérique.

82. Les preuves une fois recueillies, les sénateurs sont appelés à voter sur chaque article d'accusation. Chaque sénateur, agissant dans une double capacité de juré et de juge, doit se prononcer sur les faits et sur le droit. Il s'agit pour lui (ou elle) de voter oui ou non à la question qui suit chaque article d'accusation et que le Règlement impose de formuler comme suit : « coupable » ? ou « non-coupable » ? Chaque sénateur doit donc décider d'abord de la question de savoir si les faits ont été prouvés et ensuite se prononcer sur leur éventuelle qualification comme faits de nature à justifier une destitution.

---

[7] 506 US 224 (1993).

83. La décision de destitution est acquise à la majorité des deux tiers des sénateurs présents. Naturellement le Sénat ne peut voter que sur les chefs d'accusation retenus par la Chambre et ne peut pas en ajouter d'autres. Si le Sénat refuse de considérer l'intéressé coupable d'« *impeachable offense* », ce vote négatif n'équivaut pas à un acquittement. L'intéressé reste passible de poursuites ultérieures devant les juridictions de droit commun et il peut être condamné au civil et au pénal pour les faits retenus dans les articles d'accusation. C'est ce qui est arrivé au Président Clinton qui fut innocenté d'« *impeachable offense* » par le Sénat en février 1999, mais condamné ultérieurement en juillet 1999 à verser aux avocats de Mme Paula Jones la somme de $90,000 à titre de compensation pour le supplément de travail que ses mensonges et divers procédés pour éluder le déroulement normal du procès de leur cliente leur avaient occasionné. D'autre part, M. Clinton reste toujours sous le coup d'éventuelles poursuites pénales une fois que son mandat présidentiel aura expiré. En août 1999, saisi par le Procureur indépendant, M. Kenneth Starr, un panel de trois juges fédéraux du District de Columbia a décidé qu'il n'existait pas de base juridique pour clore unilatéralement l'enquête ouverte par ce dernier contre M. Clinton. Le cas échéant, des poursuites pourraient être engagées du chef d'agissements présidentiels en relation avec d'autres affaires que la fameuse affaire Lewinsky, notamment celle relative à l'affaire Whitewater et aux personnes qui y furent mêlées.

Conclusion

84. L'*impeachment* aux États-Unis est une procédure unique en son genre. Elle ne concerne pas la responsabilité pénale des hommes politiques, sinon de façon indirecte dans la mesure où cette procédure peut accompagner la mise en jeu de ce type de responsabilité. Mais elle ne se confond pas avec elle. Aux États-Unis, répétons-le, la responsabilité pénale des hommes politiques ne se différencie point de la responsabilité pénale de droit commun. Personne n'est au-dessus du droit ; mais personne, non plus, n'est en dessous, en ce sens que personne n'est « plus » sévèrement puni à raison de sa qualité ou des fonctions qu'il occupe dans la société politique. Pour dire les choses autrement, la justice politique n'existe pas. A comparer le procès Clinton devant le Congrès et le procès du sang contaminé devant la Cour de justice de la République, lesquels eurent au moins pour point commun de situer de façon très rapprochée dans le temps, on serait tenté de conclure que les Américains ont au fond raison de ne pas prévoir de traitement judiciaire particulier pour leurs hommes politiques.

3

LA RESPONSABILITÉ PÉNALE ET POLITIQUE DES MINISTRES EN GRANDE-BRETAGNE DANS LA PÉRIODE CONTEMPORAINE

Denis BARANGER
Professeur l'Université Panthéon-Assas (Paris II)

I. – LE PARADOXE DU DROIT COMMUN : L'ABSENCE DE CRIMINALISATION DE LA RESPONSABILITÉ MINISTÉRIELLE

A. – LE RÈGNE DU DROIT COMMUN

85. « En Angleterre, l'idée d'égalité du point de vue de la loi (*legal equality*) ou de soumission universelle de toutes les classes à un droit unique administré par les juridictions ordinaires, a été poussée aux limites les plus extrêmes. Chez nous, n'importe quel agent de l'État (*official*), du Premier ministre à l'agent de police ou au percepteur se trouve responsable de tous les actes faits sans justification légale, de la même manière qu'un autre citoyen ordinaire. Les recueils [de jurisprudence] abondent en espèces dans lesquelles les titulaires de fonctions officielles ont été attraits devant les cours de justice et déclarés, en tant que personnes particulières, encourir une punition ou une condamnation à des dommages intérêts, pour des actes commis dans le cadre de leurs fonctions mais excédant les pouvoirs qu'ils détiennent selon le droit. Un gouverneur colonial, un secrétaire d'État, un officier de l'armée (...) peuvent aussi bien voir leur responsabilité engagée du fait d'actes que le droit ne permet pas que toute autre personne privée, dépourvue de charges officielles (*private and unofficial person*) ».

Ces lignes, tirées d'une étude classique de Dicey[1], sont l'expression la plus claire et la moins fréquemment discutée du droit applicable en Grande-Bretagne aux titulaires des fonctions publiques les plus élevées. Les ministres ne sont pas, du fait de leur fonction, placés dans une position dérogatoire vis-à-vis du droit. Le droit britannique ne les appréhende pas autrement que des personnes particulières. Les mêmes juges sont appelés à se prononcer sur la légalité de leurs comportements. Ce principe, Dicey y insiste dans la suite du passage précité, n'est pas méconnu du fait que le comportement de ces personnes dans leurs missions officielles est régi par un droit particulier (« *what may be termed official law* »). Car, ajoute le *Vinerian Professor,* le fait que ces fonctions officielles les soumettent à des « responsabilités légales dont les autres hommes sont exempts » ne les fait pas échapper aux « devoirs du citoyen ordinaire ». Ainsi, le droit spécifique aux activités officielles se présente comme un ensemble de sujétions spéciales. Il ne fait pas naître de prérogatives particulières, ni de privilèges faisant échapper leurs bénéficiaires à tel ou tel ensemble de règles ou à la compétence de certain juge. Il augmente les devoirs, et ne les diminue jamais. Il ne fait pas échapper au sort commun.

86. Notre propos n'est pas de rechercher la mesure dans laquelle cette théorie du droit commun, telle que la propose Dicey dans les dernières années du dix-neuvième siècle, constitue une innovation. Il est probable que Dicey n'innove pas, mais que, par la radicalité et la clarté de sa présentation doctrinale, il contribue à une inflexion, et la rend irréversible. L'idée que les ministres, et les titulaires d'offices publics, sont soumis au droit n'est pas récente en droit anglais. Dès le milieu du dix-septième siècle, Matthew Hale pouvait affirmer que l'irresponsabilité du roi ne protégeait pas ses « instruments ou ministres »[2]. Le fait est que jamais la doctrine de la dignité monarchique (Hale parle de « *sublimity* ») ne s'est étendue aux agents du roi au point de les exonérer de toute responsabilité, notamment pénale. L'un des effets du caractère monarchique du régime est que, si le roi était le seul titulaire de la fonction exécutive, cette fonction ne peut être transférée à d'autres que sur le fondement d'une délégation. Cette délégation transfère les pouvoirs, mais non la dignité qui reste un caractère individuel de la personne royale. La sphère d'irresponsabilité, au centre de laquelle se trouve la personne royale dans son intégralité, ne s'étend, par la délégation, qu'à la fonction déléguée, et non aux délégataires. Si ceux-ci vont au-delà de la délégation, et violent le droit, ils ne se trouvent plus sous le couvert de la règle d'irresponsabilité. Il n'est pas anodin, et cela est bien plus qu'une affaire de termes, de conférer la puissance publique à la « Couronne », dans un univers

[1] A.V. Dicey, *Introduction to the Study of the Law of the Constitution,* London, Macmillan, 1959, 10th ed. p. 190. Passage repris et commenté par Esmein, dans ses *Éléments de droit constitutionnel*, éd. 1896, Paris, Larose, vol. 1, p. 85 et note 1.

[2] (...) « *though the long in case of such acts done contrary to the directive power of the law is not subject to the coercive power of the law in respect of the sacredness and sublimity of his person, the instruments and Ministers that are the immediate actors of such unlawful things are subject to the coercive power of the law (...). For the king's acts in such cases being void doth not justify or defend the instruments* ». Fidèle à une méthode analytique d'inspiration scolastique – mais qui inspirera les reconstructions rationalistes de Blackstone et de ses successeurs – Hale divise l'autorité de la loi en trois *potestates : coerciva, directiva, irritans.*

juridique qui n'est pas organisé autour de l'idée d'État. Les « instruments » du roi, sont des agents de la Couronne, des délégataires de sa prérogative. Ils ne sont pas des « agents de l'État », et ne tirent pas de cette relation avec une personne morale recouvrant toutes les autres personnes de droit public un statut juridique particulier.

87. Réaffirmer ces principes sans âge dans les dernières années du siècle de Victoria constituait cependant une innovation. C'était sanctionner irrémédiablement la péremption d'un certain nombre de formes juridiques, telles que l'*impeachment.* Cette procédure retirait les accusés du cours ordinaire de la loi pour les soumettre à une juridiction particulière et à un droit spécifique. Au moment où Dicey écrit, l'*impeachment* des ministres s'est abîmé depuis près d'un siècle dans le grand sommeil de la désuétude. Les phrases précitées le montrent suffisamment, qui omettent de s'y référer. Avec l'*impeachment,* toute une intelligence de la constitution mixte a discrètement quitté la scène tout au long du dix-neuvième siècle : Victoria ne gouverne certainement pas autant que ses prédécesseurs hanovriens, la chambre des Lords a été abaissée et le rôle de l'élément aristocratique de la constitution a été amenuisé par l'adoption des *Reform Acts.* Dans le même temps, les principes d'un droit individualiste et bourgeois se sont implantés au sein de la *common law.* L'égalité devant la loi devient l'un des fondements d'un tel droit. Dicey, en reprenant les termes passés, en convoquant les chartes médiévales, le *Bill of rights,* et les précédents du dix-huitième siècle – tous conspirant à montrer que les agents de la couronne n'ont jamais été exonérés de leur responsabilité – assied des règles anciennes sur des fondements nouveaux. Un sens non moins inédit, adapté au principe émergent de la légitimité *intégralement* démocratique, est donné au terme même de « *common law* ». Le droit commun n'est pas seulement celui qui s'applique sur tout le territoire du royaume. Il est celui qui ne distingue pas entre les gouvernants et les gouvernés[3]. De cette manière, Dicey est un de ceux qui contribueront le plus éminemment à faire évoluer la tradition juridique vers le moment démocratique.

88. L'extrait de *The Law of the Constitution* repris au début de cette étude est relatif à la définition de la notion de « *rule of law* ». Une des implications de ce principe se trouve, comme on vient de le voir, dans la soumission au droit commun. La *rule of law* prescrit l'existence d'un seul système de règles pour tous, donc la soumission au droit commun, au moins du point de vue des règles matérielles. Mais le même principe emporte d'autres conséquences en droit pénal, qui doivent être rappelées lorsqu'on évoque la soumission des ministres à ce droit. L'idée que le ministre est soumis au droit commun signifie, en négatif, qu'il ne peut être soumis qu'à des règles existant au moment où l'action répréhensible a été commise. Cela exclut toutes les formes de rétroactivité et notamment la méthode typique de la justice politique consistant à établir, le plus souvent sous le couvert d'une formule générale, un corps particulier d'infractions politiques (tels que les « *high crimes and misdemeanours* » de la constitution

[3] Il est notoire que Dicey convoquera tout ce matériau juridique pour résister à l'influence du droit administratif français.

américaine de 1787)[4]. On peut s'interroger sur la compatibilité entre la *rule of law* et la technique des *acts of attainder*[5]. On peut aussi penser que la prévalence de ce principe de souveraineté du droit contribue à parachever la désuétude de l'*impeachment.*

89. On peut placer dans l'orbite de la *rule of law* un autre principe, qui est lui aussi un des accessoires d'une conception individualiste du droit : la responsabilité pénale individuelle, au sens ou l'on n'est pénalement responsable que de son propre fait. La responsabilité des personnes morales est désormais reconnue, avec certaines précautions, en droit criminel anglais, mais cette reconnaissance n'a pas de conséquence directe sur la question qui nous occupe ici, pour des motifs que l'on verra. Quoi qu'il en soit, le principe d'individualisation de la responsabilité pénale s'applique pleinement aux ministres. D'un côté, la responsabilité pénale de l'État ne peut être engagée, de l'autre, tout ce qui est fait par l'État peut se résumer du point de vue du droit criminel à un ensemble d'imputations d'actes à des individus. Le processus kelsénien dans lequel l'État devient le point d'imputation d'actes faits par des personnes physiques se trouve ici renversé. Tout ce qui est fait par l'autorité publique prise comme entité dépersonnalisée peut être reporté sur des individus dotés de la « personnalité physique ». C'est une raison supplémentaire de ne pas ramener la chose publique, en Grande-Bretagne, dans la sphère d'influence de la théorie continentale de l'État.

90. Au demeurant, l'assujettissement des ministres à un droit commun compris de cette manière est compatible avec le système institutionnel britannique. Peut-être même en est-il l'une des fondations. On sait que la fonction ministérielle, si elle est reconnue et aménagée par certains textes, n'est pas établie et définie par la loi. Le *trust* du ministre se trouve adossé à un *office,* celui de membre du *Privy Council,* et reconnu par des conventions constitutionnelles. L'assujettissement au droit commun fait que la fonction ministérielle n'échappe pas au droit, de sorte qu'elle n'est séparée de la *common law* ni positivement, par des normes spéciales, ni négativement, par des immunités. Une fois de plus, la *common law* et l'organisation institutionnelle ne sont pas disjointes, mais opèrent en symbiose, l'une pouvant se développer sur les fondations jetées par l'autre. La loi ordinaire – pourrait-on dire en parodiant une formule du droit médiéval – est le plus grand héritage du roi et de ses ministres.

---

[4] Dès 1765, Camden, *Chief Justice of the Common Pleas,* affirmait qu'il n'existait pas un droit spécial des crimes d'État, distinct de la *common law* : « *with respect to (...) a distinction which has been aimed at between State offences and others, the common law does not understand that kind of reasoning, nor do our books take notice of any such distinctions. Sergeant Ashley was committed to the tower in the 3rd of Charles 1st by the House of Lords only for asserting in argument, that there was a 'law of state' different from the common law; and the shipmoney judges were impeached for holding, first that, State-necessity would justify the raising money without consent of Parliament and ; secondly that the long was judge of that necessity* », *Entinck v. Carrington*, 1765, CP ; v. Keir, *Cases in constitutional law*, pp. 181-182.

[5] I. Jennings, *The law and the constitution*, pp. 50-51.

B. – LES MINISTRES ET LE DROIT PÉNAL

91. a) Les deux principes dominant la matière qui nous occupe sont donc le principe de *rule of law* et celui de responsabilité pénale individuelle. La conséquence première de ce dernier principe est que la Couronne n'est pas responsable pénalement. C'est dans un jugement du *Commonwealth,* et plus précisément de la Cour suprême d'Australie, que cela a été affirmé le plus distinctement, encore qu'avec certaines précautions. Le rédacteur de l'opinion qui semble la plus convaincante, plutôt que rejeter totalement la possibilité d'une telle responsabilité pénale, a énoncé qu'il existait « la plus forte des présomptions contre le fait d'interpréter une loi comme entreprenant de faire peser sur la couronne une responsabilité de nature criminelle ». Le principe, était-il ajouté, demeurait donc l'irresponsabilité pénale de la couronne, mais il était remarqué que des lois modernes avaient fait peser sur elle une responsabilité civile[6]. Cette référence aux « lois modernes » présage singulièrement d'une grande loi britannique adoptée l'année suivant le cas australien : le *Crown proceedings Act* de 1947. Ce principe d'irresponsabilité pénale s'étend à la couronne prise comme corporation, mais aussi à la personne du monarque. Il s'applique aussi aux départements ministériels. Qu'ils aient été érigés par la loi en « *corporation soles* »[7] ce qui leur confère la capacité juridique[8], ou que leur statut demeure incertain, les actions pénales dirigées contre eux ne sont pas recevables.

92. b) Le même principe a pour effet que les ministres, de même que leurs fonctionnaires (*civil servants*) sont au contraire responsables des actes qu'ils commettent personnellement. Dans la plupart des cas, la Couronne est présumée agir par ses ministres et ses agents et leur action, si elle est illégale, encourt diverses formes de responsabilité. Cette responsabilité peut être civile, quand le ministre n'est pas considéré comme ayant agi dans le cadre de ses fonctions (dans ce cas, en vertu du *Crown Proceedings Act* 1947, seule la Couronne ou l'un des départements ministériels, peuvent être actionnés[9]). Elle peut aussi être de nature pénale. Le principe est donc celui de la soumission au droit commun s'agissant des infractions[10], mais aussi pour la compétence juridictionnelle. Les juridictions compétentes sont les juridictions ordinaires. La compétence des deux

---

[6] High Court of Australia, *Cain v. Doyle* (1946), 72 C.L.R. 409 ; J. Dixon : « *there is, I think, the strongest presumption against attaching to a statutory provision a meaning which would amount to an attempt to impose upon the crown a liability of a criminal nature. It is opposed to all our conceptions, constitutional, legal and historical.* »

[7] Wade & Bradley, p. 267.

[8] Wade & Bradley, *ibid.*

[9] En application du *Crown Proceedings Act*, 1947, une action civile en dommages intérêts contre la Couronne doit être dirigée contre le département ministériel qui est à l'origine du dommage, ou contre l'*Attorney General* s'il existe un doute, v. Halsbury, *Laws of England (constitutional law)*, § 972.

[10] La corruption au sein des personnes publiques est réprimée par des textes généraux (*Public Bodies Corrupt practices*, 1889 ; P*revention of Corruption Act*, 1906) ; l'infraction *(common law offence)* de « *a misfeasance in public office* » s'étend à tous les détenteurs d'un « *public office* ».

chambres, dans le cadre de la procédure dite d'*impeachment,* semble tombée en désuétude. Sa suppression explicite a été recommandée en 1968[11].

93. c) Les limites de cette soumission au droit commun, autrement dit les garanties qu'un ministre peut obtenir du fait de son statut de membre du gouvernement, sont restreintes. L'*Attorney General* peut décider de ne pas le poursuivre (*none prosequi*). Cette protection n'est pas spécifique aux ministres : elle peut s'appliquer à toute poursuite judiciaire. Son usage politique paraît extrêmement improbable. L'*Attorney General* n'est pas un membre de la majorité parlementaire, ce qui est censé garantir son indépendance politique. Une autre protection pourrait venir de l'intervention du monarque. Cette intervention pourrait se faire en amont (ordre) ou en aval (« *pardon* ») de l'acte répréhensible. Depuis au moins le milieu du dix-septième siècle, l'existence d'ordres donnés par un « supérieur » (ce qui, dans le cas des ministres, supposerait de toute façon que l'on établisse qui est leur « supérieur », depuis que le monarque n'intervient plus dans les affaires exécutives) n'a pas valeur d'excuse absolutoire, pas plus que l'invocation de la raison d'Etat[12]. En cas de condamnation, cependant, et même si cela paraît peu probable, un « pardon » royal pourrait relever le ministre des conséquences de ladite condamnation. Le droit de grâce n'a pas été retiré de la liste des attributs de la prérogative royale. Le même résultat peut être obtenu par une loi d'indemnisation (*indemnificatory legislation*). De telles lois existent, mais le plus souvent dans des cas où l'infraction a été commise dans le cadre de l'activité officielle du ministre. Il ne semble pas qu'il en ait été fait usage en matière pénale s'agissant d'actes de « criminalité gouvernante ».

94. d) Leur condition de ministres ne les protégeant donc guère, les ministres peuvent-ils espérer une garantie du fait de leur statut de parlementaires ? En effet, la plupart d'entre eux sont, en vertu d'une convention constitutionnelle et parce que la loi ne condamne pas le cumul des positions, en même temps des parlementaires.

95. Mais le bouclier de parlementaire n'est guère plus solide que celui de ministre et beaucoup moins protecteur que dans de nombreuses autres nations. L'immunité pénale des parlementaires britanniques est des plus restreintes. Les MPs ne sont pas protégés contre l'arrestation[13] et la condamnation, y compris à des peines restrictives de liberté, dans les affaires pénales (leur chambre doit seulement être tenue informée)[14]. Quant à la chambre haute, un *standing order*

---

[11] Par le *Select Committee on Parliamentary Privilege* de la Chambre des Communes (HC Papers, 1967-8, n° 34). Le même comité a aussi proposé de supprimer intégralement le principe d'immunité contre les arrestations, alors même que celui-ci, comme on va le dire, n'a plus qu'une extension très limitée.

[12] *Entinck v. Carrington*, 1765.

[13] Un parlementaire a cependant été protégé par son privilège d'une arrestation comme « *security suspect* » en période de guerre, (*Ramsay's case,* 1940).

[14] L'arrestation d'un MP demeure impossible dans des affaires civiles (comme un *civil contempt or court)* pendant une période d'une session, ainsi que pendant les quarante jours qui la précèdent et qui la suivent. L'arrestation d'un Lord pour une affaire de *civil contempt* a été jugée contraire à son privilège de membre de la Chambre haute *(Stourton v. Stourton,* 1963). La mise en détention peut

de la Chambre des Lords, reprenant une résolution remontant à 1626, autorise l'arrestation d'un pair « s'il existe une accusation en matière criminelle ». Sur le fondement de l'article 9 du *Bill of Rights* de 1689[15], s'applique cependant le principe d'immunité pour tous les « *proceedings in Parliament* ». Un parlementaire est donc protégé contre l'arrestation et la détention pour tout ce qu'il a dit dans le cours des « *parliamentary proceedings* ». Le terme de « *proceedings in parliament* » indique clairement que cette immunité s'étend également à la Chambre des Lords.

96. Il faut ajouter que le statut de parlementaire n'entraîne pas seulement une (médiocre) protection contre le droit commun. Il emporte encore l'assujettissement au droit du Parlement. Chaque chambre possède le pouvoir de réprimer les atteintes à ce droit, autrement dit les « *contempts of the house* ». Toute atteinte à un privilège parlementaire est une telle infraction, mais la liste des infractions s'étend au-delà du domaine des privilèges. Les deux chambres possèdent donc une compétence pénale, qui peut aller jusqu'à la mise en détention des contrevenants. Il y a donc un droit pénal parlementaire[16]. Son existence fait naître deux types de difficultés : d'abord une question de répartition des compétences entre l'autorité parlementaire et les juridictions de *common law* ; ensuite, l'éventuelle existence de concours d'infractions. La question s'est posée s'agissant de l'infraction de corruption. Celle-ci existe en *common law,* mais on s'est longtemps interrogé pour savoir si les parlementaires pouvaient être condamnés sur ce fondement, alors que la corruption était également une violation du privilège parlementaire. Ce n'est que depuis 1992 que les juridictions ordinaires se sont orientées vers l'idée du cumul des infractions, et donc de la possibilité de poursuivre un parlementaire pour l'infraction de *common law*[17]. La remarque de Dicey trouve là, depuis cette évolution jurisprudentielle, une bonne illustration : certes les parlementaires sont soumis à un droit particulier (« *official law* »), mais ce droit consiste principalement en un ensemble de sujétions supplémentaires et ne soustrait pas les personnes concernées au droit commun. De plus, même si le privilège du Parlement le couvrait d'une manière ou d'une autre – l'hypothèse la plus probable semblant celle du « *freedom of speech* » – il n'est pas certain que le ministre puisse en revendiquer le bénéfice, aussi longtemps que l'infraction qui lui est reprochée se rattache à son activité en tant qu'autorité exécutive. Cela ne paraît pas conforme à la conception britannique de la séparation des pouvoirs, telle qu'elle ressort notamment de l'interprétation qui a été donnée à la clause de « *freedom of speech* » du *bill of Rights.* Cette liberté d'expression a en effet été restreinte aux activités se rattachant à l'activité du Parlement lui-même. Les actions individuelles de ses membres, fruit de leur initiative personnelle, ont,

---

aussi être ordonnée sur le fondement des lois relatives aux internements psychiatriques. Le cas est explicitement prévu pour les MPs. Il est fortement probable pour les Lords. V. P. M. Leopold, « The compulsory detention of peers », *Public Law*, 1979, p. 9-14.

[15] « *That the freedom of speech, and debates or proceedings in parliament, ought not to be impeached or questioned in any court or place out of parliament* ».

[16] En pratique, les chambres peuvent aussi renvoyer les affaires aux juridictions ordinaires, notamment dans les hypothèses d'atteinte à l'ordre public dans l'enceinte parlementaire.

[17] Central Criminal Court, *R. v. Greenaway and Others,* 25 juin 1992, *Public Law*, 1998, p. 357 et s.

pour l'essentiel, été jugées ne pas être couvertes par le privilège parlementaire. Il est douteux, dans ces conditions, que l'action des organes exécutifs soit jugée ressortir à la sphère des « *parliamentary proceedings* »[18].

97. Le bilan de ces développements est donc particulièrement clair : les ministres n'échappent pas au droit pénal commun. La procédure ordinaire de la *common law,* et les infractions définies par ce droit, s'étendent à eux. Des règles spécifiques peuvent appeler sur eux des rigueurs particulières, notamment sous la forme d'infractions spécifiques à leurs fonctions officielles, mais jamais les faire échapper aux contraintes ordinaires du droit. Au demeurant, il ne faut pas oublier qu'un tel assujettissement à la norme commune n'est pas nécessairement synonyme de durcissement du droit applicable aux ministres. Ainsi, l'application des règles procédurales du « *trial at common law* » constitue avant tout une protection pour le ministre comme pour tout justiciable. Il est préférable pour lui de bénéficier des protections que lui apporte la *common law* du point de vue des règles sur le conseil, l'admissibilité des preuves, et les recours disponibles, plutôt que d'être confronté soit à des règles plus dures, soit à l'absence de toute règle clairement identifiable, comme c'était parfois le cas au cours des procès en haute trahison devant le Parlement. Au regard des incertitudes de ces procédures exceptionnelles, pour lesquelles la justice politique française a été et demeure un exemple peu recommandable, il reste quelque peu ironique de parler du (presque) défunt *impeachment* comme d'un « privilège » de juridiction.

C. – La rareté des condamnations

98. Cet assujettissement au droit commun n'a d'ailleurs pas entraîné la multiplication des condamnations pénales infligées à des ministres, pas plus qu'aux parlementaires. Dans les « abondants » précédents, visés par Dicey, où des titulaires de fonctions officielles ont été condamnés, on trouve semble-t-il peu d'espèces ou des condamnations pénales auraient été prononcées contre des ministres[19]. Dicey confond implicitement dans son raisonnement toutes les condamnations dont peuvent faire l'objet des officiels, qu'elles soient « civiles » ou « criminelles » – et noter cela ne peut être un reproche dirigé contre ce grand auteur, puisque l'objet de son raisonnement est de montrer que le droit anglais ne traite pas différemment les deux matières. Il reste que les cas de condamnations proprement criminelles infligées à des ministres sont exceptionnels. La Grande-Bretagne n'a pas été exempte de scandales publics, mais ceux-ci n'ont pas eu pour résultat que de grands procès criminels soient intentés contre des membres du gouvernement de Sa Majesté. C'est là le paradoxe du droit commun : plus il est étendu, moins il trouve à s'appliquer. Le droit commun ainsi compris est une

[18] Relevons par exemple que le refus d'un ministre de répondre à une question parlementaire n'a jamais été considéré comme une violation du privilège parlementaire.

[19] Il serait au demeurant intéressant, sans même se concentrer sur les condamnations, de disposer de statistiques sur le nombre d'instructions ouvertes, et d'actions intentées contre des ministres.

réalité très différente du processus de criminalisation de la responsabilité politique, tel qu'il suit son cours en France. Au contraire, comme on le verra, la doctrine juridique du droit commun, telle qu'elle a été comprise et appliquée jusqu'ici outre-manche, ne conduit pas à la confusion, au sein d'un régime unique de responsabilité, des domaines du droit criminel et du droit politique, mais à permettre à chacun de n'occuper que ce qui lui revient, tout en l'occupant pleinement.

99. Quelques cas récents permettent d'entrevoir que les condamnations qui peuvent être identifiées ne sont pas toutes de la même nature. Un cas récent est celui de Jonathan Aitken. Ministre de John Major, il a été progressivement impliqué dans plusieurs scandales et notamment accusé d'être intervenu dans la vente illégale d'armes à l'Irak. Pour se défendre, il a engagé une procédure en diffamation contre un quotidien. Mais il est apparu ultérieurement, en 1998, qu'il avait procédé à de fausses déclarations en justice (*perjury*). De telles fausses déclarations sont constitutives d'un *contempt of court,* punissables de prison. Aitken a été condamné à purger une peine de détention dans une « *low security jail* ». On recense quelques autres cas mineurs de condamnations proprement pénales, comme des condamnations pour des faits purement privés tels que la conduite en état d'ivresse[20].

100. Dans d'autres cas, des ministres ont fait l'objet de condamnations qui, en raison du contour spécifique que prend en *common law* la frontière entre le droit pénal et les affaires « civiles » ne sont pas de nature criminelle au sens technique du terme, même si elles recevraient cette qualification dans d'autres systèmes de droit, et sont éventuellement punissables de peines d'amendes ou d'emprisonnement. Ainsi, Kenneth Baker a été condamné en 1991 pour *contempt of court,* mais il s'agissait d'un *civil contempt,* à savoir de la méconnaissance d'une injonction adressée par une Cour supérieure de justice. Il s'agissait en réalité d'une conséquence ultime du refus du ministre de déférer à l'injonction d'un juge dans le cadre d'une procédure de contrôle de légalité (*judicial review*). Si ce précédent innovait en appliquant le droit du *contempt of court* à un ministre, il n'a fait aucun doute en l'espèce que le *contempt* était dirigé contre le ministre pris dans sa capacité officielle et ne revêtait pas une nature « punitive ». Cependant, le recours à la qualification de *contempt* traduit le fait que le ministre est visé en tant que personne « physique » et que ce n'est ni son département ni la couronne qui sont condamnés[21].

De même, M. Heseltine a été attaqué, en tant que ministre[22], pour diffamation d'un journaliste en 1995. Il n'a pas été condamné, mais a reconnu le caractère diffamatoire de ses propos, a prononcé des excuses devant la cour et obtenu une

---

[20] Patrick Nichons, *Parliamentary Undersecretary of State, Department of Employment,* a été arrêté en 1990, pendant le Congrès du parti conservateur, pour conduite en état d'ivresse. Il démissionna aussitôt de son poste ministériel. V. R. Brazier, « It is a Constitutional Issue : Fitness for Ministerial Office in the 1990's », *Public Law*, 1994, pp. 431-451.

[21] Il est à noter, pourtant, que le *civil contempt* peut emporter une mise en détention, ce qui n'a pas été le cas de M. Baker.

[22] Et non pas en tant que personne particulière, comme John Patten, attaqué en diffamation en 1994 par le *Chief Education Officer* d'une collectivité locale.

transaction avec le requérant sur le paiement des dommages intérêts et des dépens. Il s'agissait très probablement d'un *civil libel,* et non de l'infraction de *common law* portant la même dénomination.

101. Même en élargissant l'analyse aux cas un peu plus nombreux de condamnations de MPs, notamment pour faits de corruption, il n'est donc pas possible de conclure à une quelconque « pénalisation » de la vie publique britannique. Cela ne signifie pas que la classe politique britannique soit absolument intègre. On pourrait imaginer – cela s'est vu – des hommes publics corrompus et défendant adéquatement, sous certains rapports, les intérêts de la collectivité[23]. On peut aussi concevoir que la moralité collective d'une nation n'est pas seulement mesurée par la probité de chacun de ses gouvernants. Mais elle trouve à s'appliquer lorsqu'il s'agit d'empêcher que leur improbité affecte la chose publique. Une des questions qui se posent dans la période contemporaine est de savoir si le droit pénal doit être un instrument de moralisation ou de régulation de la vie politique. Sans même rentrer directement dans ce débat, on peut dire que la responsabilité pénale n'a pas joué, à cette date, un tel rôle en Grande-Bretagne.

102. Le tableau des relations entre la fonction ministérielle et le droit pénal étant ainsi esquissé, on peut y deviner ce paradoxe d'un régime qui a si bien perfectionné l'assujettissement au droit commun que celui-ci n'a plus jamais d'usage. Une chose est le régime de la responsabilité pénale des ministres en Grande-Bretagne ; une autre, la situation de la France depuis la réforme constitutionnelle de 1993. Une chose est le « droit commun » qui se dégage de l'assujettissement bicentenaire des ministres au droit pénal ordinaire ; une autre est la réforme par laquelle on entend faire partiellement cesser l'immunité dont jouissaient les ministres au profit d'un système mixte, n'ayant ni les avantages du droit commun, ni la simplicité, fut-elle néfaste, de l'immunité.

II. – La responsabilité politique et le conflit des moralités constitutionnelles

103. Les raisons de cet état de chose sont multiples. On pourrait évoquer la bonne qualité du système de mise en jeu de la responsabilité civile de la Couronne, ainsi que les progrès du contrôle des actes administratifs par les juridictions ordinaires (ce qui évite une quelconque « concurrence » entre juridictions administratives et judiciaires). Mais la principale raison semble résider dans l'efficacité de la responsabilité politique individuelle. Dans la plupart des « affaires » qui ont éclaté dans la vie publique britannique, les

[23] Encore faudrait-il dire que chez ces hommes, la force supplée toujours le manque de droiture, et l'intérêt public est servi par la première, tandis que les défaillances de la seconde lui sont préjudiciables. Le résultat est que le gouvernement de ces personnes est le gouvernement de la puissance, éclairé par le génie individuel, mais progressivement miné par l'extension du principe de corruption dans l'entourage de leur pouvoir.

ministres concernés ont démissionné très tôt, avant que toute responsabilité puisse leur être imputée. Un fait significatif est que, lorsqu'un ministre doit démissionner en raisons de soupçons de comportements pénalement répréhensibles, les suites pénales que connaît l'affaire sont en général peu suivies par la presse et l'opinion.

104. La responsabilité politique individuelle est donc une convention « effective » en droit britannique. On peut même se risquer à dire que cette effectivité s'est renforcée dans la période récente, en raison de processus qui n'ont pas tous à voir avec la question qui nous occupe. La pratique des recompositions partielles est réapparue dans les cabinets après la seconde guerre mondiale. Auparavant, « il était tacitement admis qu'une personne nommée à un poste important y resterait pour toute la durée du gouvernement. Les ministres n'étaient pas assujettis à des remaniements *ad hoc* destinés à restaurer la fortune politique du gouvernement (...) ou aux remaniements annuels qui ont été instaurés par Harold Wilson dans les années soixante et qui n'ont pas cessé depuis lors »[24]. Il semble que cette mobilité retrouvée des postes ministériels ait grandement facilité l'opération de la convention de responsabilité. On comprend un peu mieux ainsi pourquoi les sièges ministériels sont éjectables, mais il reste à comprendre pourquoi et comment l'éjection peut se faire en lien avec une affaire pénale, et qui la déclenche.

105. Dire que les Britanniques n'ont pas, au contraire de certaines nations continentales, cédé à une confusion dommageable entre responsabilité politique et responsabilité pénale, revient plus à décrire une conséquence qu'à expliquer une cause. De fait, si la charge d'apprécier la légitimité de l'action des ministres n'a pas été transférée à la justice pénale, cela ne signifie pas que la nature des principes de responsabilité auxquels ces derniers sont assujettis n'ait pas sensiblement évolué. C'est dans la « province » des conventions constitutionnelles relatives à la responsabilité politique, que les évolutions les plus notables sont à relever.

A. – La « mise en règles » de la responsabilité politique individuelle

106. a) Dans la plupart des cas, les scandales entachant la vie publique donnent lieu à la constitution d'organes chargés de conduire une investigation. Il peut s'agir de *select committees* parlementaires. Dans la période récente, le *Nolan Committee* sur les standards applicables à la vie publique a formulé de nombreuses recommandations dont beaucoup ont été retranscrites dans la loi, les *standing orders* de la chambre des communes, ou les documents internes au pouvoir exécutif[25]. Le « *Parliamentary commissionner for standards* », créé sur

---

[24] R. Brazier, « It is a Constitutional Issue... », *op. cit.*, p. 433.

[25] Le premier rapport du *Nolan Committee* recommandait des modifications dans le document (alors) intitulé *Questions of Procedure for ministers,* ainsi que la rédaction d'un *Civil Service Code*. V. D. Oliver, « Standards of conduct in public life – What standards ? », *Public Law*, 1995, p. 497 et s.

les recommandations du comité Nolan, a publié plusieurs rapports, dont celui relatif au scandale « *Cash for guestions* »[26]. Mais de manière de plus en plus fréquente, il s'est agi soit de *Tribunals of Inquiries* (loi dc 1921, tirant les conclusions du scandale Marconi de 1916, au cours duquel les conclusions prononcées par un comité parlementaire avaient pu sembler manquer d'impartialité), soit de *Royal commissions* lorsque la question posée est plus générale, moins liée à des faits précis devant être auparavant élucidés.

107. Le statut de ces organes d'investigation est variable, mais on a pu observer certaines tendances communes. La direction de l'investigation est désormais couramment confiée à un haut magistrat. Lord Denning avait présidé la commission chargée de rendre un rapport sur le scandale Profumo, en 1963[27]. Richard Scott, juge de la *Court of Appeal,* a été mandaté pour présenter un rapport sur les suites de l'affaire Matrix-Churchill. En cours d'investigation, il a été élevé au rang de vice-chancelier. C'est aussi à un magistrat de haut rang, Lord Salmon, qu'a été confiée la présidence de la *Royal Commission on Tribunals of Inquiry,* et plus récemment à un autre, Lord Phillips, qu'il est revenu de diriger les travaux de la commission d'enquête sur l'épidémie d'encéphalite spongiforme bovine[28]. D'autre part, les différentes instances en question ont pris soin de respecter une procédure protégeant, dans la mesure du possible, les droits des personnes concernées par l'enquête, et notamment de celles que la commission jugeait utile d'interroger. Un débat public a vu le jour sur les différents choix procéduraux effectués par Richard Scott, notamment celui de conduire les investigations en public (solution qu'avait écartée Denning), et celui de s'en tenir à une procédure principalement inquisitoriale, ne permettant pas aux témoins d'être assistés par un conseil lors des interrogatoires mais seulement pour formuler des observations sur les conclusions provisoires de la commission[29]. Enfin, les rapports – qui contiennent, à l'image du rapport Scott, non seulement des informations individuelles mais encore des approbations ou des blâmes portant sur le comportement des personnes concernées – sont désormais couramment publiés. La publication du rapport Scott a donné lieu à des commentaires politiques nombreux. Le cabinet, qui avait obtenu d'être informé du contenu du rapport une semaine avant sa publication, en a promptement déduit que ce document ne concluait aucunement à la « culpabilité » des ministres[30]. Un tel jugement, naturellement, ne faisait pas partie de la mission de Richard Scott. Mais cette interprétation « politique » était

---

[26] V. D. Woodhouse, « The Parliamentary commissioner for standards : Lessons from the 'Cash for Questions' inquiry », *Parliamentary Affairs*, 1998, pp. 51-61.

[27] John Profumo, *Secretary of State for War,* entretenait une affinité élective avec une jeune femme, Christine Keeler, qui était également l'intime de l'attaché aux affaires navales de l'ambassade soviétique, lequel n'avait pas rompu tous liens avec les services de renseignement de son pays. On reprocha également à Profumo d'avoir menti devant la Chambre des Communes, ce qui constitue une violation du privilège parlementaire ; v. *Public Law*, 1994, p. 438 et s.

[28] Dont le rapport doit être rendu le 31 mars 2000, et n'est donc pas connu au moment où nous écrivons.

[29] R. Scott, « Procedure at inquiries – the duty to be fair », *Law Quarterly Review*, oct. 1995, pp. 596-616 ; Ld Howe of Aberavon, « Procedure at the Scott inquiry », *Public Law*, 1996, pp. 445-460.

[30] L'ensemble du document intitulé *Scott Inquiry – UK government's response* et notamment le discours fait par le Président du *Board of Trade* à la Chambre des Communes le 15 février 1996.

inévitable, s'agissant d'un document distribuant les responsabilités, comparant les comportements avec une définition des différentes règles de droit applicables en la matière (exportations de ventes d'armes, usage des *public interest immunities*...), et se livrant à des appréciations sur l'attitude des uns et des autres. C'est une pente naturelle qui a conduit à organiser de tels organes d'investigation d'une manière quasi juridictionnelle, et il n'est pas moins naturel que tout le monde cherche à voir dans leurs conclusions des « quasi-jugements ».

108. b) Ces instances n'ont pas limité leur tâche à la délivrance de sentences individuelles. Le régime constitutionnel de la responsabilité individuelle, loin de s'épuiser dans une convention constitutionnelle aux contours imprécis, s'est progressivement augmenté d'une « régulation » de plus en plus stricte et détaillée, prenant la forme de codes de déontologie (*Questions of Procedure for Ministers*...) et de standards énoncés par des commissions d'enquête. La « responsabilité individuelle », un terme qu'il conviendra d'analyser en détail, existe donc à plusieurs échelles. Il est en tout cas significatif que la « codification » des devoirs incombant aux ministres n'ait pas été abandonnée à la législation pénale.

109. Cet appareil de recommandations a été progressivement étoffé au fur et à mesure de scandales qui ont entaché la vie publique. Les tentatives les plus significatives pour établir de telles recommandations remontent aux années1950[31]. Après le scandale des terrains de Crichel Down[32], qui avait entraîné la démission de Thomas Dugdale, ministre de l'agriculture, en 1954, le *Home Secretary,* Sir David Maxwell Fyfe, avait établi, dans un discours aux Communes, les hypothèses où selon lui, la responsabilité du ministre était engagée par des erreurs d'administration des fonctionnaires de son département. Il ne reconnaissait l'obligation pour le ministre de « reconnaître sa responsabilité » (il s'agissait donc d'un devoir pesant sur le ministre lui-même et non d'une possibilité ouverte à autrui d'engager sa responsabilité) que dans trois cas :

- existence d'un « ordre explicite » émanant du ministre ;
- action d'un fonctionnaire conformément à une « politique » (*policy*) énoncée par le ministre ;
- cas où « un fonctionnaire commet une erreur ou est à l'origine de retards, sans que cela concerne une question politique importante, ni que la revendication

---

[31] C'est en 1952 que furent édictées pour la première fois des règles relatives à l'obligation pour les ministres à abandonner leurs responsabilités et leurs actions dans le secteur privé à chaque fois qu'un conflit d'intérêt peut apparaître avec leur mission officielle.

[32] Des terrains agricoles avaient été acquis par voie de contrainte par l'État au bénéfice du ministère de l'Air en 1937. Les terrains avaient été transférés au ministère de l'agriculture et des pêcheries. La famille, constatant que l'affectation du bien n'était plus celle prévue initialement, demanda la rétrocession des terrains. L'administration ne lui donna que des réponse évasives, voire trompeuses. Il apparut que l'on avait voulu tromper la religion du ministre en le convainquant d'adhérer à un projet confiant la totalité des terrains à un seul bénéficiaire. V. Wade & Bradley, *Constitutional and administrative law,* 10th ed. 1985, p. 114. ; v. aussi l'analyse de Sir R. Scott, « Ministerial Accountability » (*The Blackstone Lecture, 1996*), *Public Law*, 1996, pp. 410-412.

d'un droit individuel soit sérieusement en cause », et cela « même si » le ministre « n'est pas impliqué personnellement ».

110. Dans ces hypothèses, le ministre devait, selon Sir David, reconnaître sa responsabilité, même si, selon les termes du commentaire de Richard Scott, il n'était pas « personnellement blâmable ». Le sens de cette observation est au demeurant discutable s'agissant des deux premiers cas, puisque l'« ordre explicite » du ministre ou la détermination par lui d'une ligne d'action générale que le fonctionnaire s'est bornée à suivre établissent un lien de causalité entre lui et les événements en cause. Seule la seconde variante du dernier cas (« même si le ministre n'est pas impliqué personnellement ») met en évidence une dissociation entre l'imputation exclusive des faits au fonctionnaire et la responsabilité pour ces faits, qui revient au ministre.

111. Au contraire, selon Sir David, le ministre n'était pas tenu de reconnaître sa responsabilité dans une ultime hypothèse : « là où un agent est intervenu d'une manière que le ministre désapprouve et dont il n'a pas eu de connaissance préalable, et lorsque la conduite de cet agent est répréhensible »[33]. Le ministre était alors, selon Sir David, dispensé d'admettre sa responsabilité personnelle ou le caractère blâmable de son activité. Mais il restait sous l'empire d'une « responsabilité constitutionnelle » vis-à-vis du Parlement. Le mystère de cette formule recouvre le problème même qui s'est posé dans la vie politique et les efforts doctrinaux des décennies qui ont suivi. Sur la base de cette distinction, l'interprétation proposée par Richard Scott, dans son rapport sur l'affaire Matrix-Churchill et des articles ultérieurs, entre « comportement individuel blâmable » du ministre et « responsabilité constitutionnelle » aboutit à faire apparaître deux régimes de responsabilité :

- la responsabilité individuelle du ministre pour une faute commise personnellement (ce qui inclut les trois premiers cas de Sir David). Cette responsabilité implique de la part du ministre une obligation de démissionner immédiatement, dans l'exécution de laquelle le Parlement ne prend pas de part.

- la responsabilité vis-à-vis du Parlement, qui existe même si la faute est d'origine infra-ministérielle (départementale), et qui consiste principalement en une obligation d'information aussi précise et sincère que possible des chambres. Cette obligation d'information ouvre la voie à une éventuelle censure parlementaire. Mais il est à noter que le refus d'information, ou l'insuffisance des informations apportées, peut consister une « faute individuelle » du ministre, ce qui nous renvoie à la première hypothèse. En sens inverse, le devoir d'information du Parlement a, selon les termes mêmes de Sir Richard, pour premier objet de permettre aux représentants et à la nation de s'assurer de l'existence ou non d'un comportement blâmable de la part des ministres[34]. Les deux catégories sont donc interdépendantes.

---

[33] R. Scott, *op. cit.* pp. 410-412.

[34] « *If ministers are to be excused blame and personal criticism on the basis of the absence of personal knowledge or involvement, the corollary ought to be an acceptance of the obligation to be forthcoming with information about the incident in question* » (*Scott Report*, 1996, K8.16).

112. Ces deux hypothèses ne font que dessiner des lignes générales. La délimitation plus précise des frontières a été entreprise dans toute une série de documents d'origine diverse. La définition des obligations pesant individuellement sur le ministre a contribué, en négatif, à préciser les cas où des fautes individuelles pourraient être commises. Ce travail revenait en premier lieu, de manière logique, à l'exécutif lui-même. On en trouve la meilleure illustration dans les documents intitulés « *Questions of Procedure for Ministers* » (QPM). Révisés par chaque nouveau Premier ministre, ils contiennent entre autres, des recommandations précises quant aux comportements propres à garantir l'intégrité des ministres (prévention des conflits d'intérêt). Cet ensemble de contraintes (« *duties* », « *obligations* ») vient amender la définition de la fonction constitutionnelle de l'exécutif. La notion classique de prérogative, en vertu de laquelle la liberté de l'exécutif est totale dans les limites fixées par la loi, se trouve ainsi remise en cause.

113. Cet effort a été aussi conduit par des commissions indépendantes. Le rapport du Comité sur les Standards de la vie publique (*Nolan Report*, 1994-1995) proposait une ébauche de codification de « standards » : il énonçait une série de principes généraux applicables à la plupart des officiels et notamment aux ministres. Parmi ces principes on trouvait « le désintéressement », « l'intégrité » et « l'honnêteté ». Même si le comité entendait respecter le principe selon lequel l'exécutif doit être seul à établir ses propres principes de conduite, il proposait une série de modifications dans les QPM, dont une partie a été prise en compte. Les obligations des ministres envers le Parlement ont aussi fait l'objet d'un effort de « standardisation ». C'est le rapport Scott, sur les implications de l'affaire Matrix-Churchill, qui a le plus mis l'accent sur ce point.

114. c) La question la plus délicate est peut-être celle des conséquences à tirer en cas de méconnaissance de cet appareil de principes et de formulations spécifiques des conventions de responsabilité. La conséquence la plus naturelle semble la démission, et c'est vers elle que tendent les « standards » énoncés de part et d'autre. Certes, le nombre des démissions individuelles est particulièrement important en Grande-Bretagne et – le cas de l'administration conservatrice dans les années 1980 faisant exception à cet égard – leur rapidité impressionne.

115. Mais il faut noter qu'il existe une relative déconnexion entre le système des standards d'un côté et l'ensemble des démissions de l'autre. Le mot même de démission ne recouvre pas un processus juridique homogène. Certains ministres prennent l'initiative de se retirer, arguant parfois de motifs peu convaincants, ne trompant personne sur la cause réelle de leur départ. D'autres font apparaître que leur décision répond à une sollicitation du Premier ministre. Certaines démissions sont précédées du consentement formel du monarque. Dans d'autres cas, on se borne à indiquer au ministre que la Reine sera informée de son départ (Eric Heffer en 1975, Keith Speed en 1981)[35].

---

[35] R. Brazier, *op. cit.* p. 433, n. 10.

116. Quoi qu'il en soit, de nombreuses démissions sont imputables à autre chose qu'à la méconnaissance des conventions ou de leur formulation détaillée par les standards. Beaucoup démissionnent en raison de scandales liés exclusivement à leur vie privée. D'autres, comme Thomas Dugdale en 1954 ou Lord Carrington au début de la guerre des Malouines, démissionnent alors que l'application des standards les a exonérés de toute « culpabilité » individuelle. Le respect des standards n'est pas toujours, non plus, une garantie de survie politique : ainsi David Mellor, contraint de se retirer en 1992 en raison de la révélation d'une relation extraconjugale avait-il été pourtant lavé des soupçons de violation des règles des QPM relatives aux cadeaux officiels[36].

117. Il n'est de toute façon pas discutable que les standards et les recommandations formulées de diverses part relativement à la probité politique des ministres, quelle que soit leur nature, n'opèrent pas comme des règles de droit pénal, et que la démission n'est pas une « sanction » au sens courant de ce terme. La relation entre le standard donnant une formulation précise de la convention de responsabilité individuelle, le comportement du ministre et la démission n'est pas celle de la majeure, de la mineure et de la déduction dans le syllogisme judiciaire. Cela est confirmé par l'observation symétrique que, dans des cas où les standards n'ont pas été respectés, la démission ne s'ensuit pas nécessairement. Ainsi, comme on l'a dit, le principal bilan tiré lors de la publication du rapport Scott par l'administration était qu'elle se trouvait lavée de toutes les accusations pesant sur sa politique de ventes d'armes à l'Irak et que par conséquent, si des adaptations s'imposaient pour l'avenir, aucune conséquence politique n'était à tirer dans l'immédiat. La Chambre des communes arriva, poussivement, à la même conclusion, en rejetant par une voix de majorité une motion de défiance. D'un autre côté, Sir Thomas Dugdale, par exemple, n'aurait pas démissionné sans les évènements de Crichel Down, et ceux des ministres qui, dans des circonstances comparables – à savoir la quatrième catégorie de Sir David Maxwell Fyfe – ont résisté à la pression visant à les faire démissionner ont été dans l'ensemble critiqués par les observateurs[37].

118. La déconnexion entre les « standards » et les démissions n'est donc pas complète. Mais en tout état de cause, ce qui apparaît comme un hiatus, une absence d'automaticité, s'explique tout simplement par le fait qu'il n'y a pas d'un côté une règle et de l'autre ce qui serait une application de ladite règle. L'opposition reprise par Richard Scott entre les cas où le ministre est « personnellement coupable » et ceux où, sans l'être, il voit sa « responsabilité constitutionnelle » être engagée, ne paraît pas satisfaisante[38]. Parler de « culpabilité » dans les trois premiers cas de Sir Maxwell Fyfe constitue une élaboration trop grande, une caractérisation trop nette. Totalement absent du troisième, le ministre n'est pas non plus « coupable » dans les deux premiers cas

---

[36] R. Brazier, *ibid.* , p. 438, n. 16.

[37] Ce fut le cas de Kenneth Clark à de nombreuses reprises et de M. Prior, lors du scandale de l'évasion de la prison de Maze, en septembre 1983.

[38] Sir R. Scott, *op. cit.* p. 412 : « *it is clear enough that in cases falling within this fourth category, the minister has no personal culpability. But nevertheless he must, said Sir David, remain constitutionally responsible* ».

(instructions explicites, élaboration d'une « politique » que le fonctionnaire se borne à appliquer). La « culpabilité » est une notion à réserver au cas où existe une « légalité » préexistante, qu'il s'agisse du droit pénal ou d'une forme quelconque de moralité collective. La culpabilité n'est pas, sinon dans la *doxa* et dans le langage courant qui en est le vecteur, une donnée objective et factuelle que le droit se bornerait à reconnaître. Le ministre n'est pas « coupable », dans les deux premières hypothèses, mais il est *impliqué :* un lien de causalité peut être établi entre l'ordre qu'il a donné (général ou particulier) et les faits contestés. De plus, la responsabilité n'est ni plus ni moins « constitutionnelle » dans tous les cas visés par le discours de Sir Maxwell et discutés dans les *Blackstone Lectures* de Sir Richard en 1996. La vraie question est de savoir si un ministre doit renoncer à son poste en raison de faits qui conduisent à remettre en cause la manière dont il exerce ses fonctions. Et la difficulté naît de ce que les tentatives de caractérisation des différentes hypothèses où une telle remise en cause peut avoir lieu se sont régulièrement soldées par des échecs. En d'autres termes, la relation de responsabilité politique ne peut pas être intégralement prédéfinie. Elle est par essence sans contenu propre et son contenu accidentel relève toujours plus de l'identité de la volonté politique entre les ministres et le Parlement (voire entre les ministres et la nation), que de la prédétermination d'une série d'hypothèses. Cependant, il est indiscutable que la multiplication des points de référence servant à normaliser l'action des ministres et à spécifier quand ils doivent démissionner oriente les conventions de responsabilité dans une autre direction, celle d'une responsabilité ministérielle pour faute sanctionnée par une obligation de démissionner[39].

B. – La constitution entre deux éthiques (démocratie ou parlementarisme)

119. a) De manière générale, le danger semble réel de céder à ce qu'Olivier Beaud a pu appeler une criminalisation, non pas du droit, mais de la science du droit, et de penser l'ensemble des efforts tendant à « rédiger la conduite » des ministres comme l'embryon d'un droit quasi-pénal. La rigueur et le caractère préalable des « prescriptions » dont on vient d'évoquer le contenu donne à penser que lesdites formulations pourraient prendre leur autonomie et devenir un code auquel toute infraction sera réprimée, même si les conditions de cette répression restent à définir. Il est clair que telle est la tendance contemporaine, en Grande-Bretagne comme sur le continent. Cependant, on voudrait suggérer, sinon que cette manière de voir méconnaît la nature profonde de l'organisation constitutionnelle, du moins que des difficultés naissent dès lors que l'on fait de la responsabilité politique le support d'une telle évolution.

---

[39] « *You don't have to resign because you're criticized. You have to resign because you're at fault (...) Where there is no personal blame (..) the resignation is the offering up of a scapegoat* », Sir Robin Butler devant la Commission Scott (9 février 1994, cité par Scott, *ibid.* p. 413).

120. Les conventions de la constitution ont été inventées par la doctrine du dix-neuvième siècle pour donner corps à un ensemble de pratiques devenues indissociables de la constitution elle-même, mais indiscutablement étrangères au « droit strict » d'origine coutumière. Il y avait un domaine de la constitution qui n'était pas de la *common law,* qui ne se trouvait pas dans les « *law books* » et qui cependant était une partie intégrante du régime, sans laquelle ce régime était proprement incompréhensible. Pour ce domaine, John Stuart Mill avait proposé la dénomination de « moralité politique » et Dicey ne fit que reprendre cette intuition en popularisant la notion de « conventions de la constitution ». Le domaine de la moralité politique est celui, non seulement des conceptions ayant cours relativement au bien commun, mais encore des principes de comportement devant être adoptés au sein des grandes institutions du droit public, qui ont été créées, et se sont établies à travers le temps, pour assumer la charge de ce bien commun. Elle recouvre les principes de conduite qui sont nécessaires pour maintenir l'ordre constitutionnel. En tant que telle, elle constitue donc une survivance, ou plutôt peut-être une floraison tardive, de l'idée que la justice politique passe par la réalisation d'un certain ordre au sein de l'État. Cette idée est associée au domaine de la moralité parce qu'elle suppose de la part des personnes participant au gouvernement et à la vie politique certains comportements et qu'elle en proscrit d'autres. La moralité politique prescrit ce qui est digne d'approbation ou de blâme dans la conduite des acteurs politiques, sachant que le propre de ces personnes est de mériter l'approbation lorsqu'elles agissent en conformité avec le sens profond des institutions, et qu'elles encourent légitimement l'opprobre lorsqu'elles se refusent à le faire, et qu'elles en détournent les principes. Dans un monde classique – et, allions nous dire, *républicain,* tant il est vrai qu'il n'est guère de propos plus sage que celui tenu par les Anglais des siècles passés lorsqu'ils prétendaient que leur monarchie modérée était la meilleure des républiques – il est inutile, et presque pitoyable, de se demander si elle a ou non, une valeur juridique. Il suffit de dire que ne pas la comprendre, c'est ne pas comprendre la constitution, spécialement dans une nation où le cœur même de cette constitution est composé de principes éthiques, et non de règles écrites ayant été forgées sur le modèle des lois parlementaires.

121. b) Telle est la limite des tentatives consistant à préciser par des standards la convention de responsabilité individuelle. La précision ne peut pas être complète, sinon elle devient une dénaturation, un retour, par la bande, à quelque chose s'apparentant étrangement à l'*impeachment* de l'ancien temps. Après tout, une fois établies les hypothèses de violation des standards de responsabilité individuelle, pourquoi ne pas rétablir un juge compétent pour les constater et les sanctionner ? Certes, la confiance dans la capacité des chambres du Parlement à s'acquitter d'une telle tâche n'existe plus, mais il ne sera pas difficile de remplacer la Chambre des Communes par un organe indépendant d'instruction et la Chambre des Lords par une commission présidée par un magistrat à la retraite. Au demeurant, les commissions de cette sorte ont allégrement confondu en leur sein les deux étapes de l'instruction et du jugement, à un degré qui, en comparaison, aurait valu à la procédure de l'*impeachment* médiéval les félicitations à l'unanimité de la Cour européenne des droits de l'homme. Il est vrai que si de telles commissions jugent, elles ne condamnent qu'aux yeux de l'opinion publique, en approuvant ou en blâmant.

122. On voit ici revenir l'idée que les conventions ne sont pas susceptibles d'être prises en compte et sanctionnées par des juges. Même si cette affirmation de Dicey a pu être discutée, elle comporte une certaine part de vérité : ce qui peut être appliqué par un tiers ayant mission de constater une infraction (un vrai juge pénal ou une commission d'investigation) n'est pas une convention. Mais cela ne tient pas seulement à son degré d'imprécision : lorsque l'on reformule la convention en un standard, on la dénature. On transforme une certaine forme de consensus autour de la solution à donner à certains problèmes constitutionnels, en un droit ou une moralité, dont les violations sont punies par un tiers. La responsabilité politique n'est pas et ne sera jamais une responsabilité pour faute. La tentation est grande de penser le contraire, parce que la relation de responsabilité peut être rompue dès lors qu'une faute a été commise. Mais que l'on essaye de rationaliser la responsabilité politique en la faisant rentrer dans un schéma de type faute/sanction ou faute/lien de causalité/préjudice, et une résistance irréductible apparaît. L'idée que l'on pourrait réduire la responsabilité politique des ministres à une responsabilité en quelque sorte professionnelle, gouvernée par une déontologie spécifique à leur activité, est donc vouée à l'échec. Elle n'est qu'une traduction moderne de toute la tradition de pensée réduisant l'activité politique à un savoir professionnel spécial. La particularité des variantes contemporaines de cette vision des choses est que le savoir politique n'est même plus considéré comme l'un des plus nobles, mais tenu seulement pour une adaptation à la collectivité publique du savoir nécessaire pour régir les entreprises privées.

123. L'effort de spécification des obligations, juridiques ou morales, pesant sur les ministres, ne peut pas aboutir à une codification englobante, apte à tout prévoir et à tout réprimer. Les différentes personnes ou instances, qui ont progressivement dégagé les principes tels que ceux précédemment exposés, l'ont toujours fait *ex post facto*, pour prévenir la répétition de comportements inadéquats. Le cas des « *questions of procedure for Ministers* » (désormais appelée officiellement « *Ministerial code* ») est un peu différent puisqu'il semble incorporer la doctrine de chaque nouveau ministère quant au comportement futur de ses membres. Mais on devine tout aussi bien dans ces documents les traces des indélicatesses passées. En tout cas, il apparaît de manière générale qu'il n'est pas possible de codifier par avance les règles de comportement du pouvoir exécutif. Celui-ci apparaît de nos jours tel que se le représentaient les publicistes des siècles passés. Ses voies et moyens, le cours quotidien de son activité, sont difficilement connaissables. Plus on imposera la transparence par des règles *a priori*, plus les détenteurs de positions politiques s'évertueront à la contourner par des pratiques obscurcissantes. Le fonctionnement des cabinets n'est en général connu qu'avec la publication des mémoires de leurs membres, un certain nombre d'années après leur décomposition. Cela demeure absolument vrai dans la période récente, comme le montre l'importance des mémoires de membres du cabinet Thatcher (Alan Clark, Kenneth Baker). D'autre part, serait-il une maison de verre, l'exécutif ne serait pas plus prévisible. Certes, les précédents accumulés permettent de dessiner des directions générales, de cerner toute une série d'attitudes répréhensibles ayant vocation à se reproduire dans la vie quotidienne de l'exécutif. Mais la fonction exécutive renferme toute une série d'opérations et de décisions qui ne sont pas anticipables, qui ne se laissent enserrer dans aucune planification. C'est pourquoi les comportements répréhensibles ne peuvent être identifiés qu'*a posteriori*. Un système appuyé sur des précédents est à même de saisir de telles occurrences, beaucoup mieux que les efforts poussifs pour définir par avance une déontologie de l'action exécutive. Pour voir les choses avec optimisme, on peut à l'inverse considérer que le travail effectif des commissions créées après chaque scandale réside dans la formalisation des précédents et des conclusions à tirer du passé, beaucoup plus que dans la prévention des erreurs à venir.

124. c) La responsabilité ministérielle semble insaisissable, mais en réalité elle ne l'est ni plus ni moins qu'un lapin que l'on poursuivrait armé d'un filet à papillons. Et même si, animé d'un esprit de coopération particulièrement aiguisé, le lapin acceptait de jouer le jeu, il serait encore plus difficile de le faire tenir avec des épingles sous un cadre en verre. En un mot, même si l'effort de qualification des comportements ministériels répréhensibles était couronné de succès, il serait vain s'il n'était pas possible de faire ensuite démissionner les ministres. Or ce n'est pas la violation d'un quelconque code de conduite qui les conduit à partir, mais la contrainte exercée sur eux par leurs pairs. Les motifs qui animent alors les membres du cabinet, et qui poussent par exemple un Premier ministre à réduire l'un de ses pairs à une démission précoce, peuvent paraître sans scrupules et procéder d'une simple volonté de survie politique. Si tel est le mobile qui justifie ces actes, il n'en demeure pas moins qu'ils sont conformes à l'éthique classique du régime parlementaire. Cette éthique prescrit aux individus participant au pouvoir les comportements qu'ils doivent adopter dans le contexte d'un tel régime. Si l'on recherche une moralité qui ne repose pas sur l'énonciation de normes préexistantes, on peut se tourner avec confiance vers les principes régulateurs du régime parlementaire.

125. Or, une fois de plus (et certainement pas la dernière), la constitution coutumière fait aujourd'hui coexister, avec plusieurs strates d'institutions et de règles écrites ou non écrites, plusieurs moralités constitutionnelles qui n'ont aucune raison d'être intégralement compatibles. La responsabilité politique est le type même d'une relation née dans le creuset d'une certaine morale constitutionnelle. Elle-même, par l'accumulation de précédents interprétés pour en tirer des principes de comportement, a consolidé et infléchi à travers le temps cette moralité. On pourrait dire beaucoup de choses de la moralité en question et relever par exemple qu'elle était à l'origine inséparable de la culture aristocratique britannique. Mais ce qui est important ici est d'en faire apparaître la nature, le formalisme propre : il ne s'agissait pas d'une morale normative. Elle ne s'appuyait pas tant sur des impératifs intangibles, des règles écrites, des sanctions, que sur la volonté de rendre possible une certaine forme de vie politique et de partage de la souveraineté par le dépassement de tels impératifs, le contournement de telles règles écrites, la mise à l'écart de telles sanctions. Il s'agissait d'une morale que l'on pourrait dire « *attractive* »[40]. Elle établissait en des termes assez flous bien que succincts une conception du bien commun et il appartenait aux participants à la vie politique de se rapprocher de cet idéal, en le formulant à leur propre intention – et donc diversement – puis en se comportant adéquatement. C'est à l'intérieur d'une telle éthique que sont nées les « conventions de la constitution ». C'était, et cela demeure dans la mesure où elle n'a pas été entièrement enfouie, une éthique de la vertu et non de la soumission à la règle. Elle a progressivement été amenée à cohabiter avec l'éthique démocratique. Celle-ci, comme le montre la question qui nous occupe dans cette étude, contient des prescriptions de nature diverse. Certaines sont proches des principes flous et de haute volée de l'ancienne vertu politique : tel est le cas des principes dégagés par le Rapport Nolan (« honnêteté », « intégrité »...) ou de certains commandements que l'on trouve dans le « *Ministerial Code* » du gouvernement Blair. De même, la « transparence » dont il était précédemment question est un principe de la moralité démocratique telle que celle-ci a été entendue dans la seconde moitié du vingtième siècle. On peut broder à loisir sur la nécessité de la renforcer[41]. Mais une telle exigence est à peu près dépourvue de sens quand elle concerne faction politique des ministres. S'agissant de la sphère exécutive, en tant que celle-ci se singularise par sa fonction de direction politique, la « transparence » n'a de portée que dans le cadre d'une relation étroite avec le Parlement. Autant dire qu'elle n'existe pas par elle-même, et n'est alors dans ce contexte qu'un accessoire de la responsabilité politique. Elle n'est alors pas une règle, mais une des traductions d'un principe de perfectionnement, une des manifestations de la *virtus* parlementaire, une des facettes du tempérament nécessaire à la sorte de « grande âme » que requiert ce type de régime. Mais le propre de l'éthos démocratique contemporain est d'associer à ces principes assez peu formalisés, un appareil moral beaucoup plus contraignant, fait de règles précises, telles que les énoncés du rapport Scott ou le reste du contenu des QPM et éventuellement de sanctions. Le droit pénal, ou quelque régime répressif fait à son imitation, est l'accessoire parfait de cette moralité impérative[42].

126. Cette nouvelle forme de morale politique suscite au moins deux difficultés importantes. Il est tentant de développer les maximes « attractives » dans des règles plus précises. Ce n'est pas autre chose qui a été essayé en Grande-Bretagne par les diverses instances dont il a été question. Il est également tentant de réprimer tout cela par des sanctions claires, en réfléchissant

---

[40] V. M. Canto-Sperber, V° « Philosophie morale », *in Dictionnaire de philosophie politique* (dir. S. Rials et P. Raynaud, Paris, PUF, 1996).

[41] La transparence (« *openness* ») est un des slogans de l'administration de T. Blair : on la trouve invoquée dans le « *Ministerial code* » édicté par le Premier ministre, et dans les dispositions du premier projet de « *Freedom of Information Act* ».

[42] Le positivisme moderne, notamment celui forgé dans le creuset anglo-américain, a contribué à distinguer droit et morale. Mais, ce faisant, il a donné de la morale l'image qu'il se faisait du droit. La moralité démocratique, en retour, a pris appui sur le droit, et la « juridicisation » de la société montre la volonté de faire respecter à tout prix tous les commandements, fussent-ils normalement aussi peu « justiciables » que ceux de la morale.

aux moyens de respecter dans le même temps une procédure protectrice. Or cela ne peut pas fonctionner. La morale attractive ne se laisse pas enrégimenter par la morale normative, et cela apparaît nettement lorsque l'on essaye de l'encadrer dans des codes, des procédures, des sanctions. Le problème est réel dans le cadre même de la morale démocratique, où les principes attractifs sont mal appréhendés par un « régime » répressif. Cela est encore plus net lorsque ce sont des principes de l'ancienne moralité qui sont soumis à ce traitement de choc. Relevons que cette contradiction ultramoderne n'est guère éloignée de la problématique du dernier dix-septième siècle, lorsqu'on voulait punir des incriminations « attractives » telles que celles que la justice politique de toutes les nations a toujours produites en nombre (les « *high crimes and misdemeanour* » du droit de la haute trahison, en tant qu'on les appliquait au comportement des ministres) par une procédure juridique inadéquate.

127. La seconde difficulté tient à la compatibilité des deux strates historiques successives. Ce qui arrive naturellement est que la strate la plus ancienne est de moins en moins bien comprise à proportion qu'elle est de mieux en mieux cristallisée. Parce qu'elle est bien cristallisée, elle ressemble à s'y méprendre à un simple accessoire juridique ou institutionnel, rangé dans la boîte à outils du régime. L'éthique de comportement qui lui est consubstantielle devient de plus en plus inadaptée à l'évolution de la société et de nouvelles interprétations la transforment progressivement. Dicey pouvait ainsi dire que les conventions de la constitution avaient pour objet de donner effet à la volonté du peuple souverain : il exprimait ainsi un moment d'équilibre en régime parlementaire et légitimité démocratique, qui a longtemps garanti le bon fonctionnement du régime. Les grands parlementaires du dix-neuvième siècle ont démocratisé la Grande-Bretagne en se comportant comme des aristocrates du siècle précédent. Mais ce moment d'équilibre a lui-même été dépassé. Aujourd'hui, les formulations les plus courantes de l'éthos démocratique sont de plus en plus incompatibles avec l'éthos parlementaire. Ainsi en est-il de la transparence. Elle est la médecine que la démocratie se prescrit pour supporter le carcan de la bureaucratie. Comprise comme une valeur autonome, une fin en soi, elle tend à entrer en contradiction avec l'éthos du parlementarisme classique, parce qu'elle exige *a priori* que des comptes soient rendus, alors que ces comptes ne sont exigibles que si telle est la volonté du censeur. Si le Parlement décide de fermer les yeux, le cabinet n'est pas tenu de les lui ouvrir de force.

128. Force est de reconnaître que cet éthos classique demeure au cœur du régime, et que, soit on comprend la responsabilité politique dans le cadre qu'il définit, soit on doit abandonner le concept même de responsabilité politique, ce qui est au demeurant parfaitement imaginable à la condition d'en être capable[43].

[43] Le Royaume-Uni ne s'oriente d'ailleurs pas uniformément dans le sens d'une totale suppression de la responsabilité politique : celle-ci est par exemple explicitement prévue dans les lois de dévolution de 1998 (v. par exemple l'art. 45 du *Scofand Act* : « *the first minister shall hold office at H. M. Pleasure [he]: a shall tender his resignation if the scottish executive no longer enjoys the confidence of the parliament* » ; et l'art. 56 du *Government of Wales Act*). Cette possibilité a d'ailleurs été mise en œuvre par l'assemblée régionale du Pays de Galles, qui a contraint son premier secrétaire, Alan Michael, à la démission le 9 février 2000.

La formulation des standards de responsabilité, à supposer qu'elle soit utile, n'a de sens que si elle contribue à clarifier la relation entre les ministres et le Parlement. Richard Scott, dès sa déposition devant le *Public Service committee,* ne disait pas autre chose : « je ne regarde pas le débat – que je ne veux pas sous-estimer – entre *accountability, responsibility, blame,* comme étant la clé et le trait le plus important de la responsabilité ministérielle (*ministerial accountability*) ; ce que je considère comme tel, c'est la règle d'information [du Parlement]. Je pense que la bonne volonté de la part des ministres s'agissant d'informer le Parlement et, à travers lui, le public, ou peut-être parfois le public directement, sur les questions pour lesquelles ils doivent rendre des comptes, joue un rôle critique »[44]. Cette manière de voir était parfaitement nette et fut reprise dans le rapport[45]. L'essentiel à ses yeux n'est pas de formuler les obligations substantielles pesant sur les ministres dans le cours de leur action. Elle préfère que soient précisées avec soin les obligations d'information de l'exécutif vis-à-vis du Parlement. Il demeure que cette sage recommandation n'est pas nécessairement compatible avec la tendance révélée, non pas par les conclusions du rapport Scott, mais par son existence même, et celle de tous les documents élaborés par des instances similaires. La méfiance vis-à-vis du Parlement semble un trait durable de la vie politique britannique. Les commissions indépendantes ont ainsi trop souvent vocation à relever les défaillances commises par l'exécutif vis-à-vis de son obligation d'informer le Parlement.

129. La constitution coutumière demeure, mais sa nature est d'être le terrain de conflits et de contradictions. La confrontation actuelle n'oppose pas seulement deux moralités politiques au contenu différent, mais à la forme irréductible. La démission était le moment d'élection de l'éthos parlementaire classique : loin d'être révoqués ou contraints à la démission par un quelconque article de constitution, les ministres faisaient leurs le sentiment de la chambre et prenaient à sa suite la décision même de cesser de gouverner. La démission était le modèle même de l'auto-restriction et, par là, l'accomplissement du gouvernement modéré. La relation entre le Parlement et l'exécutif a profondément évolué et la crise de la représentation a largement sapé certains des fondements de la responsabilité politique. Mais il est significatif que la pratique de la démission serve principalement désormais à tirer les conséquences d'une perte de confiance au sein de l'exécutif ou, pour être plus précis, d'un « déclinatoire » de solidarité duquel le ministre visé ne peut que tirer des conséquences rapides et tranchées. Les ministres ont réinterprété les conventions de responsabilité d'une manière qui, au total, n'est ni inopportune, ni inefficace.

---

[44] Cité par G. V. Bogdanor, « Ministerial Accountability », *Parliamentary Affairs*, 1997, p. 72.
[45] *Scott report*, préc., K 8.2.

4

LA JUSTICE PÉNALE INTERNATIONALE

Mario BETTATI
Professeur à l'Université Panthéon-Assas (Paris II)

130. Le 22 mai 1999, le procureur du Tribunal pénal international pour l'ex-Yougoslavie signait un acte d'accusation contre Slobodan Milosevic et quatre autres dirigeants de la République fédérale pour crimes contre l'humanité et violations des lois et coutumes de la guerre. La Justice pénale internationale prenait la première place de l'actualité à l'encontre de titulaires des plus hautes fonctions gouvernementales. Le 17 juillet 1998, la Conférence diplomatique des Nations Unies réunie à Rome avait adopté l'Acte final portant création d'une cour criminelle internationale. Ce fut l'aboutissement de 50 ans d'efforts marqués par quelques réalisations limitées dans le temps et dans l'espace. La recherche d'efficacité qui a animé les négociateurs s'est heurtée aux souverainetés toujours soucieuses de protéger leurs prérogatives et leurs dirigeants. Le résultat ne peut être évalué qu'à la lumière des expériences antérieures, de l'immédiat après-guerre ou de la dernière décennie de ce siècle.

131. Il est vrai que l'insuffisante capacité des systèmes judiciaires nationaux de poursuivre les responsables des atrocités et ceux qui les protègent, ainsi que l'ampleur de certains crimes, ou le fait qu'ils ont été commis sur le territoire de plusieurs États – ou en liaison avec un conflit aux implications internationales – justifient que des juridictions internationales connaissent de ce type d'infractions. C'est précisément le but que la diplomatie multilatérale s'assigne, depuis la seconde guerre mondiale, avec la création d'instances pénales internationales. Elles ont été établies tantôt de façon *ad hoc,* pour traiter de crimes commis au cours d'une période ou dans une région déterminée ; tantôt de façon permanente, pour juger des crimes futurs. L'institution de tels organes juridictionnels vise d'abord à dissuader les auteurs actuels ou potentiels de crimes contre l'humanité de commettre leurs forfaits ou d'en commander l'exécution. La mise en place de telles juridictions vise ensuite la lutte contre l'impunité en ce que celle-ci est un obstacle à la réconciliation au lendemain de graves conflits ; elle est génératrice de perpétuelles vendettas ; elle est surtout porteuse d'un profond sentiment d'injustice et d'inefficacité de la règle de droit qui fragilise la cohésion sociale.

I. – Le précédent des tribunaux de Nuremberg et de Tokyo

132. Les alliés de la seconde guerre mondiale savaient ce que faisaient les nazis. Ils ont très tôt décidé qu'il fallait agir. Dès le 17 avril 1940, les gouvernements de la France, de la Grande-Bretagne et de la Pologne ont dénoncé tant la persécution des Polonais que le traitement atroce infligé aux membres de la communauté juive, en Pologne et ont affirmé la responsabilité de l'Allemagne dans les crimes commis par ses agents. Le 13 janvier 1942 les alliés précisaient dans la déclaration de Saint James : « le châtiment par les voies d'une justice organisée, des coupables de ces crimes, se place parmi les principaux buts de guerre ».

133. L'accord de Londres du 8 août 1945 institue le Tribunal militaire international – qui siégera à Nuremberg – chargé de juger les principaux criminels de guerre des pays de l'Axe pour trois sortes de crimes définis à l'article 6 :

a) Les crimes contre la paix, c'est à dire la direction, la préparation, l'initiative et l'exécution de guerres d'agression et de guerres entreprises en violation des traités internationaux.

b) Les crimes de guerre, c'est à dire les violations des lois et coutumes de la guerre.

c) Les crimes contre l'humanité, c'est à dire les meurtres, les exterminations, les asservissements, les déportations et autres actes inhumains, commis à l'encontre de la population civile avant ou pendant la guerre ; ou la persécution pour motifs politiques, raciaux, religieux, commise en exécution des crimes entrant dans la compétence du Tribunal, voire en connexion avec ces crimes. Cette dernière disposition a privé le tribunal de pouvoir juger les crimes contre l'humanité antérieurs au 1er septembre 1939, date officielle du déclenchement de la deuxième guerre mondiale, alors qu'entre 1933 et 1939, de tels crimes ont déjà été commis. La notion de génocide a été définie par la suite dans la convention du 9 décembre 1948.

134. Sur la base des incriminations de 1945, vingt-quatre grands criminels ont été déférés au Tribunal de Nuremberg par l'acte d'accusation lu à Berlin le 18 octobre 1945. Plus de quatre cent audiences, près d'une année de débats, des dizaines de milliers de documents et plus de deux cent mille attestations signées ; d'interminables plaidoiries des avocats (tous allemands) qui exposent du 8 mars au 25 juillet le *Führer prinzip* (principe du chef) comme moyen pour tenter d'exonérer les accusés de leur responsabilité, mais surtout un acte d'accusation et des témoignages accablants, bouleversants, insupportables conduisent, le 1er octobre 1946, à dix-neuf condamnations : douze peines capitales (Göring, Borman, Frick, Sauckel, Kaltenbrunner, Keitel, Jodl, Ribbentrop, Rosenberg, Franck, Seyss Inquart-Inquart, Streicher), sept peines de prison (Hess, Funck, Speer, Raeder, Doenitz, von Neurath, von Schirach). Ley s'est suicidé avant la condamnation, Göring, après. Borman disparu n'était pas présent et Krupp a été renvoyé devant le tribunal militaire américain. Les exécutions ont eu lieu le 16 octobre 1946.

135. Après la capitulation du Japon, le général Mc Arthur, commandant en chef des troupes d'occupation décida seul, le 19 janvier 1946, la création du Tribunal international pour l'Extrême Orient, plus connu sous le nom de Tribunal de Tokyo. Celui-ci a fonctionné du 3 mai 1946 au 12 novembre 1948. Plus largement constitué que celui de Nuremberg, il comportait onze juges ressortissants de onze pays différents (Australie, Canada, Chine, Grande-Bretagne, Nouvelle Zélande, URSS, États-Unis, France, Inde, Philippines). Vingt-huit accusés, essentiellement des anciens ministres du Japon, des militaires et des diplomates ainsi qu'un chef de propagande furent traduits devant le tribunal. Les chefs d'inculpations étaient identiques à ceux utilisés par le tribunal de Nuremberg : crimes contre la paix ; crimes de guerre ; crimes contre l'humanité. A l'issue du procès, en 1948, sept condamnations à mort furent prononcées, seize peines de prison à vie et deux à des peines plus brèves. Toutefois, dans les années qui suivirent leur condamnation, les coupables bénéficièrent d'une libération anticipée. L'efficacité de ces deux juridictions pénales n'est pas contestée. En dépit du faible nombre d'accusés, elles ont permis que s'exerce le devoir de mémoire à l'égard des victimes, la lutte contre l'impunité à l'égard des coupables et le devoir de justice dont la société interne et internationale avait besoin pour la reconstruction.

II. – L'ACTUALITÉ DES TRIBUNAUX DE LA HAYE ET D'ARUSHA

136. Les alliés avaient été dans la guerre et la victoire sur la barbarie nazie fut indispensable pour atteindre complètement leur but judiciaire. Toute différente fut la situation de l'ONU face aux juridictions créées en 1992, 1994 et 1998. L'efficacité de ces institutions en porte les marques.

137. Les crimes commis au cours des conflits en ex-Yougoslavie et le génocide perpétré au Rwanda au début des années 1990 ont suscité la création par les Nations Unies de deux autres juridictions pénales internationales. Elles se distinguent de celles établies à Nuremberg et à Tokyo en ce que l'ONU n'est pas partie au conflit bosniaque ou rwandais, elle n'a pas de but de guerre mais un simple but de maintien de la paix.

La vocation préventive Tribunal pénal international pour l'ex-Yougoslavie (TPIY) établi par la résolution 808, le 22 février 1993, motive de nombreux États. La Fédération de Russie, y voit un « ferme avertissement à ceux qui sont responsables de crimes dans d'autres régions du Monde ». La France estime que : « poursuivre les responsables c'est aussi envoyer à ceux qui continuent à se livrer à ces crimes un message clair : ils auront à répondre de leurs actes ».

138. En vertu de son statut, le TPIY est habilité à poursuivre les personnes qui commettent ou donnent l'ordre de commettre des crimes de guerre et des crimes contre l'humanité, y compris le génocide. Cette compétence est à la fois plus large que celle des tribunaux de Nuremberg et de Tokyo et plus étroite. Plus large en ce qu'elle s'étend aux violations graves des conventions de Genève de 1949 et des lois et coutumes de la guerre, ainsi qu'aux crimes contre l'humanité y compris le génocide auquel se rattache, on le sait, la pratique de « l'épuration ethnique ». En revanche, sa compétence est plus étroite en ce qu'elle ne s'étend pas aux crimes contre la paix que visaient les deux tribunaux d'après-guerre. Lui sont déférées seulement des personnes physiques, pour des actes ayant été accomplis postérieurement au 1er janvier 1991, jusqu'à une date que fixera le Conseil de sécurité après la restauration de la paix. Le Tribunal a primauté sur les juridictions nationales et peut à tout moment demander à celles-ci de se dessaisir d'une affaire en sa faveur. Le TPIY dont le siège est à La Haye, comprend onze juges et un procureur. Il a adopté son règlement de procédure et de preuve le 11 février 1991 et l'a modifié à plusieurs reprises depuis. Il s'efforce de pallier la plus grave lacune de son statut qui ne lui accorde pas la faculté de juger par contumace en lançant des mandats d'amener internationaux contre les individus qu'il souhaite faire comparaître et qui ne lui sont pas livrés par les États. Les peines qu'il peut prononcer ne sont que des peines d'emprisonnement et excluent la peine de mort dont l'abolition est un des objectifs que vise l'ONU depuis 1971.

139. Au Rwanda, entre un demi million et un million et demi de personnes ont été tuées en un peu plus de trois mois. Le génocide perpétré durant l'année 1994 – le plus grand après la seconde guerre mondiale – a été la mise en œuvre d'une opération planifiée des mois à l'avance avant son exécution, et qui a été menée d'une manière concertée, systématique et méthodique. Face à l'indignation de l'opinion publique mondiale, le Conseil de sécurité créait le Tribunal pénal international pour le Rwanda (TPIR) et adoptait son statut le 8 novembre 1994.

Après avoir plaidé en faveur de cette création, le nouveau gouvernement du Rwanda – qui siégeait alors au Conseil de sécurité – a voté contre l'adoption du statut au motif que la compétence du TPIR s'exerce sur des actes commis tout au long de l'année 1994 alors que des massacres ont eu lieu en 1990, en 1992, et en 1993. Il n'admettait pas non plus que les condamnés soient emprisonnés en dehors du Rwanda. De surcroît, le statut exclut la peine capitale, qui est toujours prévue dans le code rwandais, si bien que les criminels majeurs qui ont planifié et organisé le génocide et seraient jugés à l'étranger seront moins sévèrement punis que de simples exécutants jugés au Rwanda. Enfin le nouveau gouvernement souhaitait que le tribunal siège au Rwanda. Le Conseil de sécurité décide le 22 février 1995 d'installer le TPI à Arusha, en Tanzanie.

140. Après des débuts difficiles, ces juridictions ont commencé à fonctionner et leur bilan n'est pas aussi faible qu'on pouvait le redouter. A l'automne 1998, le TPIY avait prononcé 21 actes d'accusation contre 50 accusés dont 28 étaient détenus ; il avait prononcé deux condamnations. Le TPIR, quant à lui détenait 27 coupables ou présumés coupables, dont 3 anciens ministres, 7 hauts responsables militaires, 5 préfets, maires ou bourgmestres et 3 journalistes ; il avait prononcé une condamnation. La procédure devant l'un et l'autre est lente en raison de la nécessité de rassembler des éléments de preuves parfois difficilement accessibles, et notamment de procéder à des exhumations suivies d'examens médico-légaux complexes et coûteux. Quant à la fonction préventive de ces tribunaux, il faut observer que, sans qu'on puisse déterminer de façon précise les rôles respectifs joués par l'opinion publique, les pressions gouvernementales et le Tribunal, depuis la résolution 808 de février 1993, les violations du droit humanitaire ont semblé moins massives qu'auparavant en Bosnie. Mais il est vrai aussi qu'un de ses effets pervers a été de pousser certains responsables de camps de détention à agir sous des faux noms pour tenter d'échapper aux poursuites... L'efficacité de ces deux tribunaux résidera sans doute davantage dans l'extraordinaire travail d'accumulation documentaire et testimoniale qu'ils auront apporté à l'histoire de ces deux séries de massacres.

III. – Le futur de la Cour pénale internationale

141. L'efficacité de leur fonction préventive était en revanche assez limitée du fait que les quatre tribunaux précédents ont été créés pendant ou après les crimes. C'est la raison pour laquelle on a, très tôt, songé à instituer une instance pour le futur. La Commission du droit international des Nations Unies a élaboré un projet de statut pour une Cour criminelle internationale souhaitée par René Cassin dès 1948 et objet de débats à l'ONU depuis novembre 1950, mais l'idée s'était peu à peu perdue dans les sables lorsqu'en 1989, le petit État de Trinidad et Tobago relance la réflexion en faisant adopter par l'Assemblée générale une résolution, d'apparence anodine et liée au seul problème de la drogue et visant la création d'une cour de justice pénale internationale. L'élaboration d'un projet fut confiée à la Commission du droit international puis à un comité préparatoire. Le statut final de la Cour fut adopté par une conférence diplomatique, à Rome, le 17 juillet 1998. Le statut a été adopté par 120 voix pour, 7 voix contre (notamment celles des États-Unis et de la Chine) et 20 abstentions.

142. La Cour – composée de 18 juges – aura son siège à La Haye. Ce sera une institution permanente, qui peut exercer sa compétence à l'égard des personnes pour les crimes les plus graves ayant une portée internationale. Elle est complémentaire des juridictions pénales nationales et exercera sa compétence pour le crime de génocide, les crimes de guerre, les crimes contre l'humanité et – c'est une nouveauté par rapport aux quatre précédents tribunaux – le crime d'agression lorsque celui-ci sera défini ultérieurement et que seront fixées les conditions dans lesquelles s'exercera la compétence de la Cour à son égard. La définition des crimes contre l'humanité est élargie et la Cour sera compétente pour le viol, l'esclavage sexuel, la prostitution forcée, la grossesse forcée, la stérilisation forcée et les autres formes de violence sexuelle de gravité comparable. Le statut considère ces actes comme une violation grave des conventions de Genève de 1949 sur le droit humanitaire. De surcroît, la compétence de la Cour s'applique aux conflits armés internes.

143. Un État partie accepte la compétence de la Cour pour tous ces crimes et un État non-partie peut l'accepter en déposant une déclaration auprès du greffier.

144. Le Procureur peut déclencher une enquête de sa propre initiative sur la base de renseignements concernant les crimes relevant de la compétence de la Cour. S'il conclut que les renseignements recueillis justifient l'ouverture d'une enquête, le Procureur présente à la Chambre préliminaire une demande d'autorisation en ce sens. Les victimes peuvent adresser leur point de vue. Lorsqu'une situation est renvoyée devant la Cour et que le Procureur ouvre une enquête, il en donne notification à tous les États parties et aux États qui, compte tenu des informations disponibles, auraient normalement compétence pour connaître des crimes en question.

145. Critiqué par divers observateurs et certaines ONG, ce statut n'est pas dépourvu de faiblesses qui sont autant de signes du désir de protéger autant les souverainetés que les victimes. En particulier, le Conseil de sécurité pourra empêcher ou suspendre pendant douze mois une enquête ou une poursuite dans une affaire dont il est saisi au titre du maintien de la paix. Un État qui accepte le statut peut déclarer que pendant sept ans après l'entrée en vigueur du statut il n'acceptera pas la compétence de la Cour pour les crimes de guerres commis par ses nationaux ou ceux perpétrés sur son territoire. De surcroît, la Cour ne pourra exercer sa compétence qu'en vertu de l'acceptation de celle-ci par l'État sur le territoire duquel le crime a été commis ou par l'État dont la personne accusée est ressortissante. Enfin, la création de la Cour par un traité retardera son entrée en vigueur qui est tributaire de la réunion de soixante ratifications. Sur ce point, la supériorité du TPIY et du TPIR réside dans le fait qu'ils ont été créés par une décision du Conseil de sécurité. Cette dernière présente l'avantage d'être d'effet immédiat et d'être obligatoire pour tous les États membres de l'ONU. Toutefois il faut admettre que le statut de la Cour pénale a l'avantage d'exister et d'offrir la possibilité de révisions périodiques de ses dispositions dont on peut espérer qu'elles en perfectionneront les mécanismes et les compétences. L'efficacité du nouvel instrument dépendra finalement de la bonne foi des États qui affirmaient dans le préambule avoir « ... à l'esprit qu'au cours de ce siècle, des millions d'enfants, de femmes et d'hommes ont été victimes d'atrocités dépassant l'imagination qui heurtent profondément la conscience humaine... » et se déclaraient « déterminés à mettre un terme à l'impunité des auteurs de ces crimes et à contribuer ainsi à la prévention de nouveaux crimes... ».

DEUXIÈME PARTIE

RESPONSABILITÉ PÉNALE ET VIE PUBLIQUE EN FRANCE

1

RAPPORT INTRODUCTIF

Dominique CHAGNOLLAUD
Professeur à l'Université Panthéon-Assas (Paris II)
Directeur du Centre d'études constitutionnelles et politiques (CECP)

146. La France est-elle entrée dans l'ère de la société contentieuse, de la pénalisation de la vie publique et peut-on sérieusement rapprocher la question de la mise en cause pénale d'un chef d'État de l'inculpation d'un préfet du Vaucluse à la retraite, quinze ans après la catastrophe de Vaison la Romaine ? En tous les cas, il y a lieu de constater la connexité des situations, sans pour autant les placer sur le même plan.

147. Sous la Ve République, c'est la première fois qu'on s'interroge sur la responsabilité pénale du chef de l'État. Sous la IIIe République, le Barthélémy et Duez notaient que « la question n'a pratiquement aucune importance et c'est sans doute pour cette raison que l'Assemblée nationale, préoccupée de faire œuvre pratique, l'a livrée aux disputes des commentateurs »[1]. C'est la première fois aussi qu'on met en accusation des ministres pour des faits relevant d'une mauvaise gestion de leur ministère.

148. Pour les hauts fonctionnaires et surtout les élus la tendance est aussi manifeste bien que parallèle s'agissant d'une mise en cause pénale plus fréquente de décideurs publics.

149. Et dans ce bref rapport introductif j'essaierai d'aller à contre-courant de la thèse dominante aujourd'hui qui condamne cette pénalisation en essayant de montrer la relativité de la tendance et sa légitimité tant sur le plan du droit, fût-il constitutionnel, que de la démocratie, dont il est inséparable.

---

[1] Barthélémy et Duez, *Traité de droit constitutionnel*, Dalloz, 1933, p. 620.

I. – LES ACTEURS DE LA PÉNALISATION

150. Ces différentes situations soulignent une tendance commune soit la pénalisation de la vie publique qui consacre une certaine perte d'autonomie d'un droit public, pénétré par le droit pénal comme en témoigne aussi par exemple l'extension de la responsabilité pénale aux personnes publiques. Par ailleurs, dans un autre style, la frontière séparant les actes de gouvernement et les actes administratifs recule (CE 25 sept. 1998, *Mégret*), (v. aussi, s'agissant de la passation des marchés des assemblées parlementaires, CE 5 mars 1998).

A. – L'OPINION, LE JUGE ET LES MÉDIAS

151. Notre société tend aujourd'hui à rechercher la culpabilité à tous les niveaux et à imputer un événement à une personne identifiée, toute explication en termes d'imprévisibilité étant écartée par les victimes ou leurs ayants droit qui mettent en œuvre le plus souvent l'action publique. Celles-ci sont plus nombreuses à agir, à s'organiser dans une société dominée, y compris sur le plan des représentations, par le droit à la sécurité, le droit à l'environnement et plus largement le droit à...

152. Cette exigence contemporaine de responsabilisation individuelle de tous les acteurs « sensibles » est aussi relayée par les médias : procureurs ou avocats, ils contribuent à construire l'événement et sont aussi parfois accusés. Mais la nouveauté en la matière ne tient-elle pas d'abord en ce que ce traitement médiatique s'applique désormais à des faits jusqu'alors non ignorés et au formidable développement d'un journalisme d'investigation, utile démocratie ?

153. Bref, à la doctrine se sont joints deux nouveaux acteurs décisifs dans une démocratie d'opinion : les victimes et les médias, sous l'ombre portée par le juge. Celui-ci est rendu largement responsable de cette pénalisation, en quelque sorte télévisée. C'est oublier d'autres acteurs.

B. – LES ACTEURS POLITIQUES

154. Le discours « entrepreunarial » à la mode depuis les années 80 (« l'entreprise France ») a banalisé le métier politique tandis que, dans le même temps, les politiques eux-mêmes ont parfois donné le sentiment de vouloir échapper à leurs responsabilités. Deux exemples :

- en matière de droit des immunités : avant la révision constitutionnelle du 4 août 1995, on se souvient, le Sénat avait décidé le 29 juin 1977, s'appuyant sur la jurisprudence de Cour de Cassation, que la suspension des poursuites était requise jusqu'à la fin du mandat et non de la session – une solution identique étant adoptée par l'Assemblée trois ans plus tard ;

- le jeu des incriminations : il a débuté avant la création de la Cour de Justice et est même en partie à l'origine de sa création. L'acte d'accusation de Laurent

Fabius en 192 ne visait que la non-assistance à personne en danger plutôt que l'homicide involontaire : l'action se prescrit après trois ans et les poursuites engagées contre les médecins n'interrompent pas ce délai. La procédure était donc lancée pour être interrompue.

Quant aux fonctionnaires, le droit administratif a longtemps institué une quasi-irresponsabilité : la faute personnelle s'est effacée lentement mais sûrement et ce vide s'est vu combler par le juge pénal.

C. – L'IRRESPONSABILITÉ PRÉSIDENTIELLE : UN MIROIR, UN MODÈLE

155. L'origine de cette évolution doit d'abord être recherchée dans le processus de déresponsabilisation des acteurs politiques qui vient de haut, ou comme l'écrivait à la fin des années 80 Jean-François Revel : « l'irresponsabilité présidentielle s'est répandue d'en haut sur tout le reste de l'appareil d'État »[2]. Le Président est ici cependant moins un modèle qu'un miroir.

156. En droit constitutionnel, la règle veut que les ministres – seuls investis de l'autorité légitime – soient responsables pour les faits de leurs subordonnés anonymes, qu'ils sont dans l'obligation de surveiller. Le ministre fait « écran » entre l'administration et le Parlement qui ne connaît que le représentant du gouvernement. Mais, peu à peu, cette règle s'est estompée jusqu'à se renverser : tandis que la responsabilité du gouvernement devant le Parlement ne joue plus, le Président de la République absorbe la responsabilité politique de ses ministres, les fonctionnaires devenant responsables à la place de leurs supérieurs.

D. – LA SOCIÉTÉ EN QUÊTE DE « VENGEANCE » ?

157. Dès lors, notre société tend aujourd'hui à rechercher la culpabilité à tous les niveaux et à imputer un événement à une personne identifiée, toute prise en compte en termes d'imprévisibilité étant écartée par les victimes ou leurs ayants droits. Et faute de commissions d'enquête aux pouvoirs étendus d'un minimum de contrôle de l'exécutif, le sentiment d'irresponsabilité tout court a contribué à cette explosion contentieuse. Les victimes ou présumées telles, sont plus nombreuses à agir, à s'organiser dans une société dominée, y compris sur le plan des représentations, par le droit à réparation et la recherche d'un responsable.

158. La volonté de mettre en cause des acteurs, jusqu'alors protégés par leurs fonctions et une longue tradition d'impunité, si elle vaut désormais pour les politiques comme pour les fonctionnaires, les chefs d'entreprise ou les chirurgiens, traduit, au-delà de ses excès, la recherche d'une démocratie dans laquelle les responsables publics doivent répondre de leurs actes et dont la légitimité ne tient plus seulement à l'élection mais à l'évaluation de leurs actes.

---

[2] J.-F. Revel, *L'absolutisme inefficace*, Plon, 1992.

II. – Cette pénalisation accrue de la vie publique a été voulue par le pouvoir constituant ou le législateur

A. – La volonté de la Nation...

159. S'agissant des ministres : la création de la Cour de Justice de la République en 1993 a ainsi constitué une avancée certaine en matière de pénalisation de l'action gouvernementale le plus souvent au terme de débats plutôt consensuels.

160. S'agissant des élus : le nombre de règles imposées par la sécurité, par de nombreux textes relatifs à l'environnement, l'urbanisme, la sécurité routière, la santé conduit à en faire des acteurs pénalement responsables et sanctionnables (la loi sur l'eau du 3 janvier 1992, la loi sur l'élimination des déchets du 17 juillet 1992, la loi sur la protection de l'environnement du 2 février 1995).

161. Et le législateur, par la loi du 13 mai 1996, a clairement écarté l'idée de créer un délit d'imprudence ou de négligence propre aux élus locaux. Bref, l'inflation normative a eu pour conséquence de multiplier les incriminations pénales.

162. Cette évolution n'a pas été toujours condamnée par la doctrine publiciste qui en a souvent très largement approuvé l'esprit, au moins s'agissant de la réforme de 93. Quant à la question de la responsabilité pénale du chef de l'État, elle adoptait une solution inverse de la doctrine dominante aujourd'hui. Enfin, une partie de la doctrine en faisant des droits fondamentaux, l'alpha et l'oméga du droit constitutionnel, a légitimé cette irruption du droit pénal dans le droit public.

163. La question qui semble recouvrir ces différentes situations est d'abord de savoir si les acteurs publics, en particulier constitutionnels, doivent strictement être traités sur le plan de l'égalité devant la loi comme les autres citoyens, si la nature de leurs actes doit être spécifiée et comment : ce qui pose d'abord la question de la différenciation possible de la responsabilité politique – on pourrait dire publique – et de la responsabilité pénale.

B. – Responsabilité politique et responsabilité pénale

164. Comme l'a rappelé Pierre Avril, tout semble opposer ces types de responsabilités[3]. En matière politique, la présomption d'innocence d'un ministre est plutôt une présomption de culpabilité. La charge de la preuve est à la

[3] P. Avril, « Trois remarques à propos des réquisitions du ministère public dans l'affaire du sang contaminé », *RD publ.*, n° 2, 1999, p. 397.

diligence de... l'accusé. Et il suffit de l'apparence d'une faute, non de la certitude de la culpabilité pour condamner. Quant à l'existence préalable d'une infraction, la responsabilité politique est rétroactive. Enfin, le caractère collectif de la faute politique s'oppose à celui individuel de la faute pénale.

165. Pourtant « toutes deux découlent d'une seule : la responsabilité dans le régime parlementaire. Ainsi, la responsabilité criminelle n'est, sous un nom distinct et sous une forme spéciale, qu'une manifestation de la responsabilité générale des ministres devant le Parlement: elle n'est autre que leur responsabilité parlementaire, elle-même produisant, selon les cas, des effets tantôt politiques, tantôt pénaux »[4]. Certaines constitutions dissocient les deux types de responsabilité (Charte de 1814), d'autres les confondent.

166. Quant aux hauts fonctionnaires, leur situation semble différente. Mais à quel degré leur faute pénale peut-elle impliquer la responsabilité politique de leurs supérieurs hiérarchiques ? Et la similitude de la situation avec les élus apparaît dans un autre style dans que la loi du 13 mai 1996 qui décline en termes identiques le principe général d'appréciation *in concreto* de la faute pénale d'imprudence.

C. – La nature des actes

167. La question centrale est la nature des actes susceptibles de provoquer la mise en jeu, le type de procédure : la nature des sanctions ne constituant que des critères secondaires, comme l'a rappelé Michel Troper.

III. – De quels actes s'agit-il?

A. – Pour le chef de l'État

168. L'irresponsabilité pénale du chef de l'État ne s'applique qu'aux actes accomplis dans l'exercice des fonctions. Bénéficie-t-il néanmoins d'un privilège de juridiction pendant la durée de son mandat au bénéfice d'une lecture séparée des deux phrases de l'article 68 ? Le débat né sous la IIIe République, relatif à la compétence de la Haute Cour dès lors que le chef de l'État aurait tué un perdreau faisait dire à Barthélémy et Duez : « de quel droit, en effet, décide-t-on que, dans l'article 6 § 2 de la loi du 25 février 1875, les mots 'le Président de la République' ne s'appliquent qu'au chef de l'État considéré comme tel, (l'irresponsabilité sauf haute trahison), tandis qu'à l'article 12 de la loi du 16 juillet, l'expression désignerait à la fois et le chef de l'État et le simple particulier investi de la fonction (la mise en accusation que devant la Haute Cour) »[5] ? L'article 68 contient deux phrases : « Le Président de la République n'est

[4] R. Carré de Malberg, *Contribution à la théorie générale de l'État*, Sirey, 1920, t. I, pp. 793-794.
[5] *op. cit.*

responsable des actes accomplis dans l'exercice de ses fonctions qu'en cas de haute trahison. Il ne peut être mis en accusation que par les deux assemblées statuant par un vote identique au scrutin public et à la majorité absolue les composant ; il est jugé par la Haute Cour de Justice ».

169. L'article 42 de la Constitution de 1946 indiquait que « le Président de la République n'est responsable que dans le cas de haute trahison » (1er alinéa). « Il peut être mis en accusation par l'Assemblée nationale et renvoyé devant la Haute Cour de Justice dans les conditions prévues à l'article 57 ci-dessous » (2e alinéa). Le premier alinéa reprend l'article 8 de la loi du 25 février 1875. Le second diffère de l'article loi du 16 juillet 1875. (« Il ne peut être mis en accusation que par le Sénat ») et n'exclut pas la mise en jeu devant les tribunaux de droit commun[6]. De ce changement, que faut-il déduire ? Pierre Avril considère essentiel cette « substitution de la forme exclusive à la forme optative »[7]. C'est oublier justement que pour le Président de la République et les ministres, « la Haute Cour ne peut être saisie qu'en raison des actes de la fonction »[8]. Le privilège de juridiction ne s'impose plus et le constituant en tire la conséquence logique. Autrement dit, « à s'en tenir aux termes de la Constitution actuelle l'intervention de l'Assemblée nationale est simplement facultative, et n'exclut pas la possibilité de la mise en jeu de la responsabilité du Président par les voies ordinaires »[9]. Ce changement n'invalide nullement la thèse de l'absence d'immunité de juridiction pour les actes étrangers aux fonctions mais la corrobore : la Constitution de 1958 revient certes à l'idée d'exclusivité (« que ») de l'article 12 de la loi constitutionnelle du 16 juillet 1875, mais précise bien qu'il s'agit des « actes accomplis dans l'exercice des fonctions ». Et la Constitution de la Ve République, contrairement à celle de la IIIe, précise bien qu'il s'agit d'une irresponsabilité dans l'exercice des fonctions. Peut-on dans la lecture d'un article de la Constitution dissocier la règle de fond et la règle de procédure ? Peut-on lire un article de la Constitution de façon séparée ? C'est possible. Ainsi de l'article 45-3 : « Le texte de la commission mixte peut être soumis par le gouvernement pour approbation aux deux assemblées. Aucun amendement n'est recevable sauf accord du gouvernement ».

170. Certes, on peut toujours discuter sur la notion d'actes rattachables : toujours accompagné de sa mallette atomique, le chef de l'État en toutes circonstances, est le chef de l'État. En outre, « haute trahison » étant indéfinie, il appartient à la Haute Cour de déterminer les éléments du « crime » ou du « délit » et de choisir la condamnation qu'elle décide. Bizarrement, cet argument n'a pas été invoqué quoique reposant sur un raisonnement tout en paradoxes : le délit ou le crime ne pouvant être défini par la Haute Cour, elle disposerait d'une compétence exclusive, du vol de voiture à l'intelligence avec l'ennemi.

171. C'est d'ailleurs pourquoi la thèse de l'immunité de juridiction s'est placée plus sûrement sur le terrain de l'exclusivité de la compétence de la Haute

[6] J. Lafferière, *Manuel de droit constitutionnel*, Domat, 1947, p. 1028.
[7] P. Avril, « A propos de l'interprétation littérale de l'article 68 de la Constitution », *RFDA*, 15 (4), juin-août, 1999, p. 716.
[8] G. Vedel, *Droit constitutionnel*, Paris, Sirey, 1949, p. 432.
[9] J. Lafferière, *Manuel de droit constitutionnel*, *op. cit.*, p. 1029.

Cour pendant l'exercice du mandat... Ainsi, le débat a-t-il été déplacé du terrain miné de la question la nature des actes – sur celui de la fonction présidentielle et de sa durée au travers d'une question cruciale... d'interligne. Les travaux préparatoires peuvent-ils nous éclairer ? *Stricto sensu*, ils n'en sont pas, sans pour autant être du droit constitutionnel non-écrit. Pourtant, « il est admis unanimement de nos jours que le Président de la République répond pénalement des actes détachables de sa fonction. Pour le jugement de telles infractions, il ne bénéficie d'aucun privilège de juridiction », écrivait Jean Foyer, associé étroitement à l'élaboration de cet article dans le répertoire Dalloz de droit pénal[10].

172. On peut bien sûr sérieusement mettre en balance cette interprétation avec l'arrêt *Blignières* de la Cour de Cassation du 14 mars 1963 rendant exclusive la compétence de la Haute Cour pour tous les actes des ministres jusqu'à la révision de 93, au prétexte que la Constitution n'a pas été modifiée s'agissant du Président de la République. Mais quid des actes antérieurs ?

B. – POUR LES MINISTRES

173. La question semble plus claire : la Cour de Cassation, dans un arrêt du 27 juillet 1995, certes pour les seuls ministres, a distingué « les actes commis dans l'exercice de ses fonctions (comme étant) ceux qui ont un rapport direct avec la conduite des affaires de l'État (...), à l'exclusion des comportements concernant la vie privée ou les mandats électifs locaux ».

174. Mais une fois définis les actes, quels sont ceux qui sont justiciables de la responsabilité pénale ? S'agissant de la responsabilité pénale des gouvernants, peut-on adopter la notion de criminalité gouvernante chère au Pr. Diez-Picaso ? Elle se distingue du droit commun : vol de voiture, chasse au perdreau en dehors des périodes de chasse ; des délits politiques : complicité avec l'ennemi. Il s'agirait alors des conduites délictueuses qui ont une influence directe sur le fonctionnement des pouvoirs publics, soit des délits classiques (prévarication) ou modernes (violations des droits fondamentaux). L'affaire du sang contaminé n'entre pas dans cette catégorie et fait dès lors craindre que n'importe quel type d'incrimination soit invoquer contre un ministre, au nom de l'égalité pénale.

C'est d'ailleurs le problème de l'application du principe de légalité criminelle qui est au cœur de la justice politique dans l'histoire constitutionnelle. Sur ce plan, le procès de la commission d'instruction a été largement instruit, comme c'est parfois le cas pour certains juges d'instruction : allant très loin, trop loin, dans la présomption de la connaissance qu'avaient des faits les acteurs. Mais l'arrêt exonère la responsabilité du Premier ministre, largement du fait des délégations consenties par lui aux membres du gouvernement. C'est à la répartition des compétences entre le ministre des Affaires Sociales et le secrétaire d'État à la Santé, que doit Mme Dufoix son acquittement. La responsabilité de M. Hervé, étant seul habilité à réglementer la délivrance de

[10] J. Foyer, *Haute Cour de Justice*, Répertoire Dalloz, n° 34.

sang, n'est retenue que pour avoir eu connaissance de la dangerosité des produits sanguins, en n'ordonnant pas leur destruction. Peut-on l'analyser au sens de la « carence fautive » qu'a retenu le Conseil d'État dans sa décision du 9 avril 1993 ? Une infraction peut être non intentionnelle : c'est vrai aussi des fonctionnaires et des élus locaux depuis l'arrêt *Thépaz* du TC 14 janvier 1935. Mais pour les ministres, peut-on adopter cette solution ?

175. Ou faut-il considérer qu'un seul et même acte peut être justiciable des deux types de responsabilités, sans parler de la responsabilité civile ? Doit-on opposer la thèse pénaliste – la thèse de l'État de droit, à celle de la raison d'État ? Le mot « acte » doit-il être défini en fonction des travaux préparatoires ou en vertu du sens clair que lui donne la Constitution ?

176. Au sens du droit pénal, un acte s'entend dans les deux sens du mot : positif et négatif. Les travaux préparatoires *stricto sensu* – cette fois, viseraient selon M. Burgelin « les infractions par commission » et non pas tant « les infractions par omission ». Une interprétation restrictive s'impose-t-elle, au contraire, en droit constitutionnel ? La Constitution indique clairement que « les membres du gouvernement sont pénalement responsables des actes accomplis dans l'exercice de leurs fonctions et qualifiés de cimes ou délits ainsi que par la détermination des peines telles qu'elles résultent de la loi ». On est, me semble-t-il, en présence d'un texte clair, la Constitution dont le juge est le serviteur[11].

C. – Pour les élus

177. Les acteurs locaux se trouvent incriminés pour des fautes intentionnelles, notamment les infractions consacrant un manquement aux devoirs de probité. Mais désormais, les incriminations visent des fautes non intentionnelles, notamment en droit de l'environnement. Ces actes peuvent-ils pour certains d'entre eux être absorbés par leur responsabilité politique d'élu du suffrage ou être redevables d'un régime spécial ?

Conclusion

178. Cette pénalisation est perçue de façon excessive. Il est peu probable que le chef de l'État soit poursuivi, que la Cour de Justice soit envahie de plaintes, la tendance est inverse. Par ailleurs, pour les élus locaux, la croissance des condamnations depuis une dizaine d'années a certes été remarquable mais cette hausse vertigineuse concerne les délits intentionnels. Pour les délits non intentionnels, le nombre de poursuites pénales est très faible mais spectaculaire – les condamnations encore plus rares, même si le problème est réel.

179. Mais, pour éradiquer ce mouvement de pénalisation de la vie publique, suffit-il de ranimer la responsabilité politique ? La question se pose d'abord pour

[11] V. M. Degoffe, « Pour la Cour de justice de la République », *RD publ.*, n° 2, 1999, p. 409 et s., dont nous partageons très largement l'analyse.

les gouvernants. Commissions d'enquête aux pouvoirs étendus et plus largement un large contrôle de l'opposition – « ministère public » – suffiront-ils ? On peut en douter dès lors que la question est moins de procéder à des aménagements.

180. Pour les élus, dans l'exercice de leurs fonctions, on ne songe pas rétablir un privilège de juridiction ou de dépénaliser les actes des élus. Personne ne demande le rétablissement de l'article 75 de la Constitution de l'an VIII abrogé en 1870 qui prévoyait que les agents publics ne pouvaient être poursuivis devant le juge pénal sans autorisation du Conseil d'État. De même la loi du 4 janvier 1993 a abrogé le privilège de juridiction au profit des élus locaux, agents publics susceptibles d'être inculpées d'un crime ou d'un délit dans l'exercice de leurs fonctions. Dès lors, ne faut-il pas mettre en place auprès des collectivités locales une meilleure expertise ? Clarifier les compétences ? Mieux apprécier, *in concreto*, la faute pénale ?

181. Plus largement, il est nécessaire de rendre l'administration plus transparente en matière de prises de décisions, ce qui pose en particulier la question des cabinets ministériels mais aussi celle de l'entourage des responsables locaux et sur le plan politique, du cumul des mandats.

182. Je terminerai en citant le Doyen Vedel qui écrivait en 1992 : « Là où il y a eu impéritie les (citoyens) voient faute d'un aveu, un délit ou un crime ; là où le renvoi du pouvoir aurait été justice, mais qui n'a pas été faite, ils réclament des fers sinon le bourreau ? Ils ont tort, mais n'a-t-on pas tout fait pour qu'ils croient avoir raison ? »[12].

[12] G. Vedel, « Haute cour et déficits juridiques », *Le Monde*, 31 oct. 1992.

2

LA RESPONSABILITÉ ADMINISTRATIVE DE L'ÉTAT COMME MODÈLE DE LA RESPONSABILITÉ DE DROIT PUBLIC[1]

Olivier BEAUD
Professeur à l'Université Panthéon-Assas (Paris II)

> *Malheur au politique qui ne verrait dans la Nation française qu'une argile coulant avec facilité dans tous les moules, et recevant toutes les formes avec indifférence ! Cette Nation porte au contraire des traits primitifs et un caractère ineffaçable. (...) Louis XIV apprit aux rois et aux peuples à se passer de chartes fondamentales et à se contenter de la maxime empirique que l'État le mieux administré est aussi le mieux constitué*[2].

183. Dans un entretien avec les responsables d'une revue de science politique, Pierre Legendre prenait position sur le traitement juridique de l'affaire du sang contaminé et confiait sa surprise devant la manière dont ce traitement avait été opéré. Il diagnostiquait une méconnaissance assez profonde des ressources que le droit met à la disposition des utilisateurs. Il déclarait notamment : « On n'a pas attendu la psychanalyse pour comprendre que les productions juridiques sont à base de fiction, oui (...) de montages. Prenons encore un exemple : le droit de la responsabilité dite objective. Comment est-il possible d'imputer une responsabilité quelconque à une entité fictive, à l'État, par exemple ? (....) Sommes-nous aujourd'hui capables de reprendre les grandes

---

[1] Je remercie vivement Didier Truchet, Jean-Jacques Bienvenu et Denis Baranger pour leur lecture attentive d'une première version de ce texte. Je reste bien entendu seul responsable de la version ultime de ce texte.
[2] P.-E. Lémontey, *Essai sur l'établissement monarchique de Louis XIV*, 1818, pp. 319-400 (cité par P. Legendre, *L'administration du XVIIIe siècle à nos jours*, 1969, p. 273).

questions classiques sur ce terrain de la responsabilité, en matière politique cette fois ? J'en doute. Voyez l'affaire du sang contaminé en France. Un ministre mis en cause a lancé la formule 'responsable, mais pas coupable'. Il entendait par là se dédouaner, et on a crié au scandale. Je pense, au contraire, que cette formule est juste, et que, si nous étions inventifs et surtout sincères – politiquement sincères –, on travaillerait à sortir de l'impasse des accusations pénales, pour construire une responsabilité objective, calquée sur la responsabilité civile (ici la responsabilité sans faute). Un peu d'imagination – celle qu'avaient les légistes classiques – aboutirait à créer du nouveau, non pas sur la base d'une accusation criminelle supposant l'intention, mais sur la base d'une obligation de ne pas nuire ; alors, on découvrirait la sanction adéquate : l'interdiction d'exercer durant x années une fonction politique »[3].

184. On peut partager ce diagnostic dans la mesure où il souligne le caractère indu de la substitution de la responsabilité pénale des ministres à leur responsabilité politique, même si l'on peut discuter de la solution technique proposée (la sanction de l'interdiction politique qui peut rappeler la procédure de l'ostracisme) et l'importance du procédé de la fiction dans cette idée d'une responsabilité de l'État comme personne morale.

185. Mais on comparera cette opinion avec celle, assez divergente, d'un autre historien du droit, Yan Thomas, qui a eu l'occasion, lui aussi, de réfléchir sur la question de la responsabilité à l'occasion du procès Papon, au cours duquel certains historiens universitaires ont refusé de témoigner pour des raisons d'ordre professionnel. Dans un article où il s'interroge sur le rôle de l'historien dans un procès de ce genre, il revient sur l'expression de « crime de bureau » inventée par l'un des avocats des parties civiles (M. Zaoui) afin de qualifier l'activité des fonctionnaires sous Vichy, et il l'examine à l'aune du droit positif. En sa qualité de juriste-historien, il replace ce procès Papon dans la longue durée juridique et indique qu'un tel procès rompt avec la tradition du droit occidental selon laquelle « en droit, les États sont innocents »[4]. En effet, écrit-il, « l'histoire juridique de l'État en Occident est celle de la programmation de son innocence au criminel »[5]. En inventant la solution de la personnalité morale des communautés politiques, les juristes et légistes du Moyen Age dénièrent à l'État la « capacité à commettre des crimes », et donc à ses représentants. Dès lors, « l'existence juridique ayant été séparée de l'existence réelle, le problème de la faute pénale put être radicalement et définitivement éradiqué du terrain politique. Nous en sommes encore là »[6]. En effet, le droit positif français s'est conformé récemment à cette tradition historique, comme le prouve le Nouveau Code pénal qui a exempté l'État d'une quelconque responsabilité pénale des personnes morales (art. 121-2 N.C.P.) – « reprenant » la vieille construction scolastique de l'immunité étatique » et de la commission d'un crime contre l'humanité (art. 213-3 N.C.P.).

[3] P. Legendre, « Qui dit légiste, dit loi et pouvoir » *in Id. Sur la question dogmatique en Occident,* Paris, Fayard, 1999, pp. 175-176.
[4] « La vérité, le temps et l'historien », *Le Débat,* nov.-déc. 1998, p. 32.
[5] *Ibid.*, p. 32.
[6] *Ibid.*, p. 32.

186. Mais, cette observation d'ordre historique est prolongée par un jugement de valeur personnel selon lequel la recherche d'une responsabilité pénale individuelle, dans le cas d'un crime considéré comme collectif (crime contre l'humanité), doit certes être considérée comme un pis-aller, mais qu'elle représente en tout cas, une meilleure solution que l'innocence pénale de l'État. La criminalisation de l'action administrative ou si l'on veut « le principe d'individualité de la responsabilité pénale » serait – explique Yan Thomas – un moyen inventé pour « déjouer les impasses où conduisent, en matière de responsabilité criminelle, les abstractions politico-morales que l'on invoque, celle d'administration, de régime, celle d'État »[7], c'est-à-dire pour surmonter « l'aporie occidentale d'un État absolu, mais innocent »[8]. Cette solution de la criminalisation, ici présentée comme l'option de l'instance individuelle, serait justifiée par une critique du recours abusif à la fiction, c'est-à-dire l'abus consistant à concevoir le collectif comme n'étant « agencé et pensé que sur le mode de la fiction »[9]. Ainsi, au lieu de poursuivre de « telles abstractions » (qui ne peuvent l'être), on poursuivra des individus, c'est-à-dire les acteurs de l'histoire. On a compris que la responsabilité pénale, individuelle, est perçue comme un remède à la notion de personnalité de l'État et surtout à l'un de ses corollaires, l'immunité pénale de l'État. La création récente de la Cour pénale internationale ne ferait que confirmer cette tendance politico-juridique qui consiste à vouloir individualiser, donc essentiellement criminaliser, la responsabilité des gouvernants.

187. Bien que ces deux juristes-historiens (l'expression de juristes-théoriciens serait aussi juste) s'opposent – radicalement, semble-t-il – sur la nature de la responsabilité (objective ou subjective) et sur le rôle qu'il faudrait accorder à la fiction pour régler des problèmes de responsabilité des gouvernants et des fonctionnaires, ils ont en commun d'appréhender le problème de la responsabilité des dirigeants à partir d'une réflexion sur *la nature de l'État* et sur le statut des *agents de l'État,* faisant notamment ressortir la grande question de la personnalité morale de l'État et de la représentation[10]. Or, cette façon d'envisager le problème de la responsabilité est largement perdue de vue par la grande majorité des constitutionnalistes et des administrativistes qui, pour des raisons disciplinaires, tend à dissocier les questions de la responsabilité administrative et de la responsabilité politique. On a pu montrer ailleurs que, si elles sont vivement critiquées par les zélateurs de « l'idéologie du droit commun », ces deux types de responsabilité – responsabilité politique et responsabilité administrative – doivent posséder quelque chose en commun de

---

[7] *Ibid.*, p. 35.
[8] *Ibid.*, p. 36.
[9] *Ibid.*, p. 33. Ce point de vue, qui est nominaliste, s'oppose radicalement à ceux qui, comme Kojève, estiment que « le collectif est *autre chose*, non pas seulement que la 'somme' des individus, mais même que la 'somme' des individus pris en tant que membres du collectif, mais dans leurs différences spécifiques, en tant qu'individus », *Esquisse d'une phénoménologie du droit*, Paris, Gallimard, 1981, p. 438.
[10] Pour une mise au point récente sur cette immense question, ici limitée au droit international, v. l'excellente thèse de E. Lagrange, *Représentation et organisations internationales*, Université Paris I, Panthéon-Sorbonne, 2000.

suffisamment fort pour subir l'opprobre de leurs adversaires[11]. L'objet de ce bref article est donc d'amorcer une réflexion sur ce que signifie la responsabilité des gouvernants et des dirigeants du point de vue du droit public. C'est pour cette raison qu'on emploiera, sciemment, la notion inusuelle de « responsabilité de droit public » pour englober dans un même cadre d'analyse la responsabilité politique et la responsabilité administrative, et pour désigner son caractère singulier et irréductible par rapport à la responsabilité de droit privé (civile ou pénale)[12]. Dans le contexte français, la spécificité de cette responsabilité tient notamment à ce qu'elle n'est, ni pour les fonctionnaires (ou agents publics), ni pour les gouvernants, appréciée par les juges judiciaires. Bref, il s'agit de *penser ensemble* ces deux types de responsabilité, ce qui suppose – telle est notre hypothèse – de passer par une réflexion, d'ordre fondamental, sur les rapports entre la responsabilité et la notion d'État.

188. Cette démarche est d'ailleurs rendue nécessaire par le mouvement actuel de criminalisation qui affecte tant la responsabilité administrative que la responsabilité politique. Les partisans de la criminalisation défendent leur opinion en contestant les régimes spécifiques (la fameuse immunité transformée dans le langage ordinaire en impunité) accordés tant aux hommes politiques qu'aux fonctionnaires et élus locaux et en observant qu'une telle évolution traduit simplement une « nouvelle sensibilité pour l'indifférence des puissants à la souffrance des 'petits' et une demande de responsabilité individuelle de tous dans un monde très dur pour les faibles »[13]. Une réaction a vu le jour avec la volonté des sénateurs de revenir sur l'incrimination des élus locaux pour des infractions involontaires qui a débouché sur la loi du 10 juillet 2000, qui rend plus difficile la mise en cause pénale des élus locaux, en raison notamment du renversement de la charge de la preuve. Les premières décisions juridictionnelles semblent confirmer cette interprétation de la loi, mais il faudra attendre les décisions de la Cour de cassation pour le vérifier. De même, on a appris que le Procureur général de la Cour de cassation allait proposer à la Haute Assemblée un revirement de jurisprudence concernant le cumul de faute (civile et pénale) pour des fautes non intentionnelles afin de réagir contre les excès de la pénalisation de la société[14]. Au rebours de la thèse de la criminalisation et à la différence des propositions très pragmatiques – et décevantes à nos yeux – de la commission Massot[15], nous voudrions ici faire valoir les avantages de la responsabilité administrative classique par rapport à la responsabilité pénale et tenter de rappeler la logique de ce système cohérent – logique précisément menacée par une criminalisation à tout va.

---

[11] V. notre art. « La responsabilité politique face à la concurrence d'autres formes de responsabilité des gouvernants », *Pouvoirs*, n° 92, 1999, pp. 27-28.

[12] Auxquelles on pourrait même ajouter la responsabilité financière des dirigeants régis par le droit des finances publiques.

[13] L'expression est de A. Garapon, « Pour une responsabilité civique », *Esprit*, mars-avr. 1999, p. 244.

[14] *Le Monde*, 8 nov. 2000.

[15] *La responsabilité pénale des décideurs publics*, Documentation française, 1999. On notera à ce propos l'absence d'universitaires dans ce groupe d'études, ce qui en dit long sur la situation de l'Université dans notre pays aujourd'hui (mais c'est un autre débat...).

189. Pourquoi alors la présente étude se présente-t-elle comme une simple *ébauche* d'une réflexion qui devrait être plus ample ? Pour des raisons essentiellement pratiques, sur lesquelles il est inutile de s'appesantir, on ne comparera pas de manière systématique les deux types de responsabilité (administrative et politique), ce qui supposerait de dégager aussi bien leurs similitudes que leurs dissemblances. Notre enquête, plus limitée, se bornera, pour l'essentiel, à scruter la responsabilité administrative qu'on considère, historiquement, comme la véritable matrice de la responsabilité de l'État.

I. – La responsabilité administrative comme matrice de la responsabilité de l'État

190. Alors qu'apparaît, de nos jours, une responsabilité pénale des hauts fonctionnaires et des conseillers ministériels – tendance qui ne nous paraît, dans l'ensemble, pas plus heureuse que celle de la responsabilité pénale des membres de gouvernement – nous estimons qu'il ne faut pas succomber à cette logique du fait accompli. Il convient ici d'opposer à la sociologie politique ou à la « sociologie judiciaire » certains principes de droit qui reflètent un « esprit des institutions » (pour reprendre une expression d'Adhémar Esmein souvent citée par Carré de Malberg). Cet « esprit des institutions » propre à la France a façonné la plupart de nos actuelles institutions. On fera nôtre ici la remarque de Hauriou selon laquelle « un droit, même existant, doit être étudié dans la perspective historique de son développement » et il ajoutait : « j'avoue n'avoir (...) jamais bien saisi la différence entre l'histoire du droit et l'exégèse du droit existant »[16].

191. En effet, selon l'une de nos hypothèses, la responsabilité administrative peut être considérée, en France, comme le modèle à partir duquel on a pensé la responsabilité de l'État et de ses agents. Par conséquent, à la différence probablement de ce qui s'est passé en Grande Bretagne[17], ce n'est pas la responsabilité politique qui a, en France, façonné la manière dont on conçoit le rapport entre pouvoir et responsabilité. Une telle prééminence de la responsabilité administrative par rapport à la responsabilité politique ne peut s'expliquer que pour des motifs d'ordre historique. Alors qu'en Angleterre le constitutionnalisme est né de l'émergence d'un pouvoir véritable du Parlement, en France, la marque absolutiste imprimée par l'État d'Ancien Régime, et finalement confirmée d'une certaine manière par la Révolution française (cf. Tocqueville), a longtemps fait obstacle à l'émergence d'un constitutionnalisme parlementaire. La libéralisation progressive du régime politique français, un « régime d'état » – pour reprendre une expression de Maurice Hauriou – s'est faite d'abord au sein des organes de contrôle interne à l'État, en l'occurrence à partir du Conseil d'État. Par une sorte de possession d'état, le contrôle

---

[16] *Précis de droit administratif et de droit public*, 7e éd. Paris, 1911, p. VI.

[17] V. sur ce point, l'enquête de D. Baranger, *Parlementarisme des origines*, PUF, coll. Léviathan, 1999.

administratif de l'État a précédé son contrôle politique : l'administration a d'abord été contrôlée par les grands corps administratifs, avant de l'être – très imparfaitement – par le Parlement. C'est une des raisons pour lesquelles la responsabilité politique a toujours été plus faible en France que la responsabilité administrative. Mais on ne développera pas cette hypothèse qui pourrait être éprouvée encore aujourd'hui[18]. Un des corollaires de cette situation tient à ce que le juge ordinaire se situait, traditionnellement, en retrait et ne s'immisçait guère dans les affaires politiques et administratives, conformément à la constitution judiciaire française. L'imparfait s'impose compte tenu de l'évolution de ces dernières années et de l'émergence d'un véritable pouvoir judiciaire.

192. Pour mieux comprendre la singularité de la responsabilité administrative, on essaiera ici de ressaisir, ce qui pourrait paraître excessivement ambitieux, l'esprit du droit administratif français. On s'appuiera à cette fin sur Maurice Hauriou, dont les travaux visent, en dernière analyse, à faire ressortir cette spécificité et à la défendre contre les critiques libérales. Pour le comprendre, il suffit de relire sa préface-testament à la dernière édition de son manuel de droit administratif (11e éd.) qui est une réplique à la thèse polémique du juriste anglais Albert Dicey accusant le droit administratif français d'être contraire à l'idée de *rule of law*[19]. Imagine-t-on aujourd'hui un administrativiste français oser défendre ce droit administratif contre l'accusation selon laquelle il serait contraire à l'État de droit ?[20] Eh bien ! C'est ce que fit Hauriou avec une intelligence assez fulgurante de sa discipline. Il n'est donc pas illégitime de le prendre pour guide si l'on veut comprendre la signification exacte de la responsabilité administrative.

193. Dans son essai consacré à la formation historique de ce même droit[21], le Doyen de Toulouse défend la thèse selon laquelle la théorie de l'acte d'administration fut le vecteur de la naissance du droit administratif français. Cette thèse entraîne pour conséquence une sorte de caractère subsidiaire du contentieux de la responsabilité par rapport au contentieux de la légalité. Elle explique notamment que « jamais la puissance publique n'est traduite devant les tribunaux en la personne des administrateurs ». Et la note qui ponctue cette affirmation mérite d'être citée intégralement : « les administrateurs ou fonctionnaires peuvent bien être poursuivis personnellement pour faits commis dans l'exercice de leurs fonctions, mais on sait que toutes les fois qu'ils ont réellement accompli un acte administratif, quoique entaché de faute légère, le conflit est élevé et le tribunal dessaisi : le tribunal ne reste saisi que si l'administrateur a commis un fait personnel qui, dénaturant complètement l'acte

[18] V. nos trop brefs développements dans l'article précité (note 11), pp. 20-25. Il suffit de songer à la récente initiative du premier président de la Cour des comptes (P. Joxe) visant à contrôler la rémunération des emplois publics. Un tel contrôle est exercé et revendiqué par un grand corps administratif, avant d'être éventuellement relayé par le Parlement qui n'a pas du tout les instruments nécessaires pour exercer un tel contrôle de l'emploi des deniers publics.

[19] Tel est l'objet explicite de son « Introduction à l'étude du droit administratif français », préface à la 11e édition du *Précis de droit administratif*.

[20] A notre connaissance, la seule tentative la plus récente en ce sens est le « Que sais-je ? » de Prosper Weil sur *Le droit administratif*, (PUF).

[21] « Étude du droit administratif français », *Répertoire Béquet*, 1897.

administratif, lui enlève sa qualité de représentant de la puissance publique »[22]. Même si Hauriou modifiera son point de vue relativement au rapport entre le contentieux de la légalité et le contentieux de la responsabilité, il restera attaché à cette idée qu'en France, le contrôle de légalité des actes a devancé historiquement le contrôle des personnes. Il la reprend dans sa préface à la 11e édition de son *Précis* où il écrit : « le droit administratif français a inséré sa racine juridique dans l'acte d'administration et s'y est solidement implanté. Cela a été dès le début l'acte qui s'est trouvé l'objet des réclamations et des recours. Pour des raisons politiques, ce n'est pas le fonctionnaire qui a été directement responsable, c'est l'acte considéré en soi qui a répondu de sa validité ; on a fait le procès à l'acte comme le Moyen Âge faisait le procès aux cadavres. (...) Tout de suite, cependant, à côté de la question du vice de l'acte s'est posé celle de la responsabilité d'un patrimoine, au moins en certains cas où se faisait particulièrement sentir le besoin de compensations pécuniaires ; mais il est bien remarquable que la solution n'a pas été cherchée du côté de la responsabilité du fonctionnaire qui a réellement accompli l'acte, ces poursuites de fonctionnaires ayant toujours eu chez nous des allures de représailles politiques ayant toujours été entravées : c'est la personne morale administrative pour le compte de laquelle l'acte avait été accompli qui fut considérée comme débitrice des dommages »[23].

194. La mention, comme en passant, de la menace de « représailles politiques » qui pèserait sur les fonctionnaires, n'est pas mineure. En effet, au lieu d'expliquer l'immunité juridictionnelle des fonctionnaires par l'idée traditionnelle qu'une telle solution aurait été la marque d'une décision autoritaire du constituant Bonaparte (on songe évidemment au fameux article 75 de la Constitution de l'an VIII), Hauriou rappelle que l'instabilité politique français, cette fameuse « discontinuité constitutionnelle », a eu des effets sur la « constitution administrative » de la France. Puisque l'action judiciaire est en France entre les mains du pouvoir exécutif (trait particulier de la constitution judiciaire), il a fallu protéger les fonctionnaires contre l'action de l'Exécutif, contre une sorte de *spoils systems* indirect qui aurait consisté dans des procès dirigés contre les fonctionnaires jugés hostiles. D'une certaine manière, la protection juridictionnelle des fonctionnaires se justifie par la nécessité de les protéger contre ces changements politiques.

195. Mais non content d'observer cette « canalisation du droit administratif français »[24], Hauriou en montrait la supériorité par rapport au modèle anglais de la responsabilité personnelle du fonctionnaire. D'abord, parce que le contentieux de la légalité a été le moyen historique de briser le dogme de « l'infaillibilité administrative », brèche dans laquelle le Conseil d'État s'est, ensuite, engouffré pour rendre l'administration responsable vis-à-vis des tiers. D'autre part, parce que contrairement à l'opinion commune selon laquelle « cette irresponsabilité des fonctionnaires aurait indéfiniment encouragé les excès de pouvoir », elle a, « en réalité (...) très promptement tourné au profit du droit, justement parce que les excès de pouvoirs ont été plus facilement réprimés sur les actes que sur les

[22] « Étude du droit administratif français », *op. cit.*, p. 47.
[23] Préface à la 11e éd., p. III.
[24] *Ibid.*, p. N, en note.

fonctionnaires »[25]. Pour s'en convaincre, il suffit d'examiner le contre-exemple anglais. Esmein citait Dicey : « En Angleterre, dit Dicey, l'idée de l'égalité devant la loi ou de sujétion universelle de toutes les classes a un seul et même droit, administré par les tribunaux ordinaires, a été poussée à ses dernières limites. Chez nous, tout fonctionnaire public, depuis le Premier ministre jusqu'au constable ou au receveur d'impôts, est soumis à la même responsabilité que tout autre citoyen, à raison des actes accomplis par lui et non justifiés par la loi. Les *reports* abondent en causes dans lesquelles des fonctionnaires ont été traduits devant les tribunaux et ont été condamnés, en leur nom personnel, à une peine ou à des dommages-intérêts pour des actes accomplis en leur caractère officiel, mais dépassant leur autorité légale. Le gouverneur d'une colonie, un secrétaire d'État, un officier militaire, et tous leur subordonnés, alors même qu'ils montreraient n'avoir agi que par l'ordre de leurs supérieurs hiérarchiques, sont, à raison d'un acte quelconque non autorisé par la loi, tout aussi responsables qu'un particulier dépourvu de tout caractère officiel »[26]. Or, contemporain des écrits de Dicey, Hauriou n'a pas été dupe de la prétendue supériorité de la responsabilité personnelle des fonctionnaires en Grande Bretagne. Il note judicieusement : « c'est un mauvais recours administratif, parce qu'elle est une lourde machine à remuer, elle peut servir à éviter les gros abus de pouvoir, mais elle ne vaut rien contre les bévues journalières de l'Administration, c'est-à-dire qu'elle a laissé sans sanction l'excès de pouvoir proprement dit et la faute de service. C'est donc une garantie constitutionnelle qui a été nuisible au développement des garanties administratives »[27]. Son jugement a été largement confirmé par les faits[28]. On serait bien en peine en ouvrant un manuel de droit administratif anglais de trouver des exemples intéressants de mise en cause personnelle de fonctionnaires.

196. En réalité, Maurice Hauriou a remarquablement cerné quelques traits particuliers du système administratif français.

- Le premier de ces traits est le fait de sanctionner davantage les « actes » que les « personnes », ce qui explique l'importance fondatrice de la procédure du recours pour excès de pouvoir.

- Le second trait qui ressort clairement de cet exposé est l'idée que la responsabilité administrative est principalement une responsabilité de la « personne administrative » (c'est-à-dire le plus souvent l'État) qui, au moment de l'imputation de la responsabilité, se substitue au fonctionnaire ou à l'agent public ayant agi. Aux yeux du Conseil d'État, c'est pour une raison *« d'équité »* que la responsabilité de l'État se substitue [dans ce cas] à celle du fonctionnaire : la Haute juridiction veut éviter que « les particuliers lésés par les erreurs ou les fautes des fonctionnaires restent victimes d'accidents dont un service public est

---

[25] *Ibid.*, p. IV.

[26] *Law of the Constitution*, p. 181, cité par A. Esmein, *Éléments de droit constitutionnel français et comparé*, 2e éd. Paris, Larose, 1899, pp. 83-84.

[27] Préface, 11e éd. note 1, pp. N-V.

[28] C'est ce que constatait par exemple P.-M. Gaudemet, « Le *Civil Service* anglais », *Cahiers de la FNSP*, 1947.

la cause ou tout au moins l'occasion »[29]. Mais, dans la pratique, on sait que la faute de service a progressivement absorbé la faute personnelle, limitée à « la faute commise matériellement en dehors du service », ou bien à « la faute particulièrement lourde et inexcusable » de sorte que, pour réagir à cette « véritable irresponsabilité des fonctionnaires pour les fautes, même personnelles qu'ils pouvaient commettre », le Conseil d'État a dû inventer une solution permettant à l'administration de se retourner contre les agents publics fautifs.

- Le troisième trait caractéristique du droit administratif français est que son autonomie par rapport au droit commun découle essentiellement de l'existence d'une juridiction spéciale, le Conseil d'État. Ce trait particulier est illustré de la manière la plus frappante dans le droit de la responsabilité.

197. Pour conclure sur ce premier point, on élargira le propos. En effet, d'une manière générale, cette thèse de la prééminence de la responsabilité administrative par rapport à la responsabilité politique traduit l'antécédence et la prévalence du droit administratif par rapport au droit constitutionnel. Alors que la plupart des constitutionnalistes communient aujourd'hui dans la foi en la « constitutionnalisation » de l'ensemble du droit et se représente le droit constitutionnel comme une sorte de « super-source » du droit coiffant l'ensemble des autres droits grâce à la magie de la « valeur » constitutionnelle des normes dégagées par le juge constitutionnel[30], on refusera d'adhérer – quoique constitutionnaliste et même parce que constitutionnaliste – à cette vision enchantée de la discipline. On préférera pour notre part admettre, avec Hayek, que si la Constitution « peut apparaître comme primordiale, au sens logique, en tant que désormais les autres lois tirent leur autorité de la Constitution, elle n'en a pas moins pour raison d'être de renforcer des règles préexistantes »[31]. Bref, la hiérarchie des normes n'épuise pas le sens du droit constitutionnel, tout comme elle n'épuise pas le sens du droit.

II. – Le choix historique, en France, d'une responsabilité de droit public

198. On présente souvent la question de la responsabilité administrative à partir de la distinction entre faute de service et faute personnelle en vertu de laquelle l'Administration endosse la responsabilité en cas de faute de l'agent qui peut être considérée comme une faute de service, la faute ne se détachant pas du service. Tout étudiant en droit sait que, progressivement, par le jeu complexe des

[29] E. Laferrière, *Traité de la juridiction administrative*, 2e éd. t. II, p. 184.

[30] Louis Favoreu se fait par exemple l'avocat du « droit constitutionnel pénal » défini implicitement comme un « phénomène d'imprégnation du droit pénal et de la procédure pénale par les normes constitutionnelles telles qu'elle sont dégagées et interprétées par la jurisprudence du Conseil constitutionnel ». « La constitutionnalisation du droit pénal et de la procédure pénale. Vers un droit constitutionnel pénal », *in Mélanges en l'honneur d'André Vitu*, Paris, Cujas, 1995, p. 169. V. en sens inverse, *Droits*, n° 32, 2000, consacré au droit constitutionnel.

[31] *Droit, législation et liberté*, (1973), vol. 1, trad. fr. PUF, 1980, p. 162. Denis Baranger a attiré notre attention sur cet exposé de Hayek sur le droit constitutionnel.

cumuls de dommages et des cumuls de responsabilités, la faute de service a très largement absorbé la faute personnelle afin de garantir les victimes contre l'insolvabilité éventuelle des agents publics. De sorte que, pour réagir contre cette « véritable irresponsabilité des fonctionnaires pour les fautes, même personnelles, qu'ils pouvaient commettre », le Conseil d'État a dû inventer une solution permettant à l'administration de se retourner contre les agents publics fautifs : « au contentieux de la responsabilité de la puissance publique et de ses agents envers les tiers s'est ajouté celui de la responsabilité des agents publics envers la puissance publique »[32], contentieux pour lequel les juridictions administratives demeurent compétentes en raison du principe de la séparation des pouvoirs (à la française, c'est-à-dire des deux ordres de juridiction).

199. Si par delà le roman jurisprudentiel dont l'intrigue se noue avec l'arrêt *Pelletier* (1873), on essaie de faire ressortir la logique profonde du système français de la responsabilité de l'État, la question déterminante est celle de savoir pourquoi la responsabilité administrative relève des juridictions administratives. En d'autres termes, il convient de se demander pour quelle raison, le Tribunal des Conflits a estimé dans un arrêt célèbrissime (TC *Blanco*, 8 nov. 1873) que « la responsabilité qui peut incomber à l'État pour des dommages causés aux particuliers par le fait des personnes qu'il emploie dans le service public ne peut être régie par les principes qui sont établis dans le code civil pour les rapports de particulier à particulier. Cette responsabilité n'est ni générale, ni absolue ; elle a ses règles qui varient suivant les besoins du service et la nécessité de concilier les droits de l'État avec les droits privés ».

200. Cette jurisprudence inaugurale a été élaborée pour couper court à la revendication de la Cour de cassation d'être « le juge de droit commun de la responsabilité de l'administration »[33] et dans le prolongement d'une jurisprudence du Conseil d'État qui avait formulé cette thèse de l'autonomie de la responsabilité administrative (*Rotschild*, 1855)[34]. Bref, et pour simplifier, le Tribunal des Conflits a arbitré en faveur du Conseil d'État et en défaveur de la Cour de cassation. Les légistes contemporains de l'arrêt *Blanco* n'ont pas manqué d'en tirer la leçon : « c'est dans le droit public et non dans le droit civil qu'il y a lieu de chercher les bases de la responsabilité de l'État et de ses démembrements »[35]. Cette décision du Tribunal des Conflits est fondamentale en ce qu'elle représente le *refus historique* de la solution du « droit commun » qui consisterait à juger l'Administration selon les règles du droit civil. Un tel choix découle de l'idée que le droit administratif français entend être un droit « exceptionnel par rapport au droit commun avec autonomie dans la sphère qui lui est dévolue », et il l'est non pas en raison de la spécialité des lois, mais du « principe de la séparation des pouvoirs qui a érigé une barrière infranchissable

---

[32] Ce sont les fameux arrêts *Laruelle* et *Delville* (1951) avec la note aux *Grands arrêts de la jurisprudence administrative*, Long, Weil, Braibant, Delvolvé, Genevois, 12e éd. p. 466 et s.

[33] C. Cass. 19 déc. 1854, *Administration des postes*, cité par G. Jèze, *Principes généraux du droit administratif*, 1re éd. t. I, 1904, note 1, p. 136.

[34] C'est ce que souligne E. Laferrière, *Traité de la juridiction administrative*, 2e éd. t. I, pp. 380-381.

[35] G. Teissier, « Responsabilité de la puissance publique », *in Répertoire Béquet*, vol. 23, 1906, p. 154.

entre l'autorité judiciaire, juge de droit commun, et les matières administratives »[36].

201. Toutefois, cette argumentation de la juridiction – de la compétence – ne donne pas l'explication ultime de cette singularité du droit administratif français. Celle-ci a été soulignée à maintes reprises par Maurice Hauriou, en particulier dans sa préface à la septième édition du *Précis* où il tente de faire comprendre « l'intelligence du droit administratif ». Il part du constat selon lequel « le droit administratif est le droit de personnages puissants qui sont les administrations publiques, telles que les a faites la centralisation »[37] pour en déduire la chose suivante : « Par là même qu'il est un droit de personnages puissants, et que le droit civil, qui constitue le droit commun, est un droit égalitaire, le droit administratif est exceptionnel. Par la force des choses, il tend à se rapprocher du droit commun, mais il ne faut pas se faire d'illusions sur la nature de cette tendance. Le droit administratif ne va pas un beau jour s'abattre comme un bloc dans les lignes du droit civil ; il ne va pas, notamment, renoncer à la juridiction administrative, ni à ses allures d'action directe ; du moins tant que la centralisation politique conservera de la puissance aux administrations publiques »[38]. La raison décisive tient justement – explique-t-il plus loin – à la « cause première qui a motivé la création de cette juridiction d'exception et qui est celle des prérogatives de la puissance publique. Il est entendu que, pour accomplir sa fonction administrative et pour assurer l'exécution des lois, la puissance publique a besoin de prérogatives », et l'une de ces prérogatives est « l'immunité par rapport à la juridiction civile »[39] – *immunité* qui va directement à l'encontre de ce que proposent aujourd'hui les partisans de « l'idéologie du droit commun ».

202. Cette explication de la spécificité du droit administratif par les prérogatives de l'Administration (les fameuses prérogatives de puissance publique) est une manière comme une autre de rendre compte de la jurisprudence administrative. Dans l'arrêt *Blanco,* le tribunal des Conflits fait directement allusion aux « droits de l'État ». Sans rompre avec cette singularité de l'action publique, le Conseil d'État y a ajouté les « devoirs de l'État » (le devoir de solidarité) dans son arrêt *Époux Lemonnier* (1918), où il a adjoint à la faute personnelle du fonctionnaire la faute de service afin de mieux indemniser les particuliers, victimes d'une faute de l'Administration. Qu'on parle de « prérogatives de la puissance publique » (Hauriou) ou de « sujétions de la puissance publique » (Rivero), on évoque dans les deux cas la *singularité de l'État,* son exceptionnalité, et cette *singularité* qui se reflète dans le droit de la responsabilité administrative.

---

[36] M. Hauriou, *Précis de droit administratif*, 7e éd. 1911, p. 83. G. Jèze retrace bien les différentes significations historiques de ce principe qui n'a pas l'univocité qu'on lui confère, *op. cit.*, p. 123 et s. A l'origine, il signifie quelque chose de foncièrement illibéral : « les agents administratifs sont soustraits à tout contrôle juridictionnel. C'est presque l'arbitraire et le bon plaisir », *ibid.*, p. 125.

[37] Préface à la 7e éd. du *Précis de droit administratif*, p. VII.

[38] *Ibid.*, p. XI.

[39] *Ibid.*, p. 84.

203. On pourrait certes objecter à notre propos qu'il élude la question, hautement actuelle, de savoir si cette immunité juridictionnelle dont bénéficient les agents de l'Administration *vaut également pour la juridiction répressive*. Il est frappant de constater que les fondateurs du droit administratif moderne n'envisagent presque jamais, en tant que telle, la question d'une éventuelle immixtion des tribunaux répressifs dans la responsabilité administrative. Or, aujourd'hui – comme on l'a vu plus haut –, un des phénomènes les plus massifs de notre époque est celui de la criminalisation de la responsabilité des agents publics et des élus locaux[40]. Cette recherche de responsabilité pénale est d'ailleurs facilitée par l'abolition du « privilège de juridiction » pour certains fonctionnaires et les maires (loi du 4 janvier 1993) et le Nouveau Code pénal qui a renforcé les obligations de sécurité. Ainsi, de nos jours, l'aurait emporté la jurisprudence de la Cour de cassation selon laquelle « l'existence présumée d'une faute rend [l'inculpé] justiciable des tribunaux répressifs, la notion de faute détachable ou non détachable de la fonction (..) étant étrangère au domaine de la responsabilité pénale » (C. Cass. 17 déc. 1971)[41], de sorte qu'en droit positif, il y a de moins en moins, « d'immunité pénale des agents publics ou fonctionnaire ».

204. Plutôt que de nier l'évidence, c'est-à-dire cette tendance à la criminalisation qui se manifeste dans la jurisprudence des tribunaux répressifs, on voudrait ici seulement montrer qu'une telle tendance heurte le principe de séparation des pouvoirs à la française, entendue au sens particulier du principe de séparation des autorités judiciaires et administratives, et dotée d'une valeur constitutionnelle.

205. Mais, avant même de tenter cette démonstration, il faut lever l'objection qui consisterait à soutenir que le droit pénal n'est pas équivalent au droit civil et qu'il ne relève pas du droit commun. La criminalisation de la responsabilité ne serait pas une soumission au « droit commun » dès lors que le droit pénal aurait pour particularité de ne relever, à proprement parler, ni du droit privé, ni du droit public. Charles Eisenmann a même soutenu l'idée qu'il était un droit mixte, c'est-à-dire un « droit pénal privé » lorsque ses « règles déterminatrices » concernent les « conduites entre particuliers », et un « droit pénal public » lorsque ses règles touchent aux « conduites envers l'État comme collectivité ou envers les gouvernants comme tels » (par exemple, les crimes contre la sûreté de l'État, contre la Constitution)[42].

206. Mais, d'une part, le phénomène de la criminalisation de la responsabilité tient largement à une invasion des règles du « droit pénal privé » dans la conduite de l'État et de l'administration. On poursuit essentiellement des gouvernants ou des fonctionnaires ou agents publics sur le fondement

---

[40] Puisque le principe traditionnel de l'immunité pénale de l'État a été confirmé par le Nouveau Code pénal, « il n'est pas étonnant que, à défaut de pouvoir incriminer l'État, la responsabilité pénale des agents publics soit de plus en plus systématiquement recherchée », M. Viret, « La responsabilité de l'administration et de ses agents à l'épreuve du droit pénal contemporain », *AJDA*, 1995, p. 766. V. pour un état des lieux récent, E. Desmons, *La responsabilité pénale des agents publics,* Paris, PUF, 1998.

[41] Pour un bilan récent, la thèse, par ailleurs assez décevante, de A. Charvin, *La responsabilité des élus,* Université Paris XII, 2000, (dactyl.)

[42] *Cours de droit administratif*, Paris, LGDJ, 1980, t. II, pp. 785-786.

d'infractions non intentionnelles (fautes d'imprudence ou de négligence). Par là sont visés des délits de droit commun (de droit privé commun). Plus exactement, le propre du processus actuel de criminalisation consiste à transformer les rapports des individus (victimes) avec les gouvernants ou fonctionnaires comme des rapports entre particuliers. Autrement dit, ceux-ci ne sont plus perçus comme des « représentants de l'État », des « mandataires d'État » (Laumonnier-Carriol), mais comme des *individus comme les autres*. D'autre part, on s'appuiera encore une fois sur Maurice Hauriou pour comprendre que, dans le système français, le droit pénal relève principalement du droit commun. « La question du droit commun – écrit-il – se pose pratiquement à propos du juge plus encore qu'à propos de la loi. Si un corps de droit est composé de règles spéciales exceptionnelles par rapport à la loi civile, commune, mais si ce droit spécial continue à être appliqué par le juge du droit commun, il ne sera considéré que comme une branche du droit commun, il ne s'opposera pas au droit commun, il ne sera pas autonome par rapport au droit commun. Telle est, par exemple, la situation du droit commercial ou même du droit pénal ». Et il ajoute à ce dernier propos : « Dans le système français, les juridictions (...) répressives font partie du juge de droit commun parce qu'elles sont soumises à la Cour de cassation, suprême régulateur de cette juridiction »[43]. Qu'on le veuille ou non, le juge pénal appartient, dans le système français, à l'ordre des tribunaux ordinaires. Sa formation, comme son statut, l'interdisent de l'assimiler au juge administratif.

207. L'autre objection qui peut être adressée à notre thèse est d'ordre politico-juridique. Elle consiste à reprocher à cette solution « administrativiste », comme l'a fait M. Liet-Veaux, d'ériger les fonctionnaires en « caste des intouchables » qui seraient au-dessus de la loi pénale. Selon cet auteur, qui attribue – à juste titre d'ailleurs – la raison de ce statut exceptionnel (de cette immunité pénale) à la dualité des ordres de juridiction, « le débat doit être élevé au-dessus de la technique de la procédure pénale. C'est l'anachronique principe de la séparation des juridictions qui est en cause. (...). Nous estimons que le principe de plénitude de juridiction du juge pénal, gardien de nos libertés individuelles, habilite ce juge à connaître de toute action en réparation jointe à la poursuite d'un délit »[44].

208. Mais, à l'encontre de cette argumentation « libérale », on peut opposer un argument juridique de poids : le Conseil constitutionnel a confirmé ce choix historique du principe de la dualité des ordres de juridiction (administratives / judiciaires) – curieusement dénommé par lui « la conception française de la séparation des pouvoirs » – en le rangeant parmi les « principes fondamentaux reconnus par les lois de la République ». Bref, il a érigé ce principe au rang de principe à valeur constitutionnelle (CC, 23 janv. 1987, 224 DC). Cette dualité de juridictions, du moins tant qu'elle existe, s'oppose très nettement à l'impérialisme du droit pénal revendiqué par les zélateurs du « droit commun ». On perçoit ainsi l'enjeu fondamental contenu dans ce processus de

---

[43] M. Hauriou, *Précis de droit administratif*, 7e éd. p. 83 et la note 2, p. 83.

[44] G. Liet-Veaux, « La caste des intouchables ou la théorie du délit de service », *D* 1952, Chron. p. 136.

criminalisation : il contourne le principe de la séparation des autorités administrative et judiciaire.

III. – Le point commun aux deux types de responsabilité de droit public

209. Dans cette histoire du droit administratif de la responsabilité, le fait important, quoique souvent passé sous silence, tient à ce que le *fonctionnaire est un représentant de l'État.* Pour comprendre ce point, il faut partir de l'idée selon laquelle le droit administratif n'est pas uniquement composé de rapports juridiques (gestion des services publics et droits des personnes administratives), mais aussi qu'il traite d'organisations administratives, au premier rang desquelles figure l'État. En d'autres termes, il repose également sur une « couche plus primitive, d'institutions et de statuts »[45]. C'est en faisant ce détour par l'organisation administrative et par le statut des agents qu'on peut dégager le *lien systématique et profond* entre, d'un côté, le « privilège de juridiction » dont bénéficient les agents publics en matière de responsabilité et, d'un autre côté, leur statut de représentant de l'État.

210. Un seul exemple suffira à illustrer cette thèse : celui de la fameuse distinction entre la faute de service et la faute personnelle, dont l'origine remonte à l'arrêt *Pelletier* précité. Le recours en responsabilité est dirigé contre les autorités de police (militaire et civile) qui ont décidé et exécuté un acte de saisie d'un journal en se fondant sur la loi spéciale sur l'état de siège de 1849 applicable dans le département de l'Oise. Le Tribunal des Conflits rejette cette prétention du requérant en considérant qu'en l'absence de fait personnel imputable aux personnes concernées, la responsabilité est de nature administrative et doit être appréciée par la juridiction administrative. On notera ici que le Tribunal des conflits prend soin de préciser que la décision de saisie a été prise par le général commandant le département, mais – ajoute l'arrêt – « agissant comme *représentant de la puissance publique,* dans la limite de l'exercice des pouvoirs exceptionnels que lui conférait l'article 9 de la loi du 9 août 1849, sur l'état de siège, *et dont la responsabilité remonte au gouvernement qui lui a délégué ces pouvoirs* ». En d'autres termes, l'auteur de la décision agit ici comme un *représentant* de l'État, en vertu d'une *habilitation* conférée par le gouvernement. Au contraire, il perd son « privilège de juridiction », s'il commet une voie de fait, s'il n'est pas à la hauteur de sa dignité de « représentant de l'État ». C'est à sa façon ce qu'exprimait remarquablement Hauriou dans son commentaire indirect de l'arrêt *Pelletier* :

« Si le fonctionnaire n'a commis qu'une *faute de service,* qui n'empêche pas son acte de demeurer administratif, il est resté dans la ligne de sa fonction, alors il est resté un organe de l'administration ; d'une part, il a engagé la responsabilité de celle-ci ; d'autre part, sa propre responsabilité n'est pas engagée, parce qu'il

[45] M. Hauriou, préface, 7e éd. p. VII.

ne fait qu'un avec l'administration. Si, au contraire, le fonctionnaire a commis un *fait personnel*, il est sorti de la ligne de sa fonction, alors il a cessé d'être un organe de l'administration, il n'a pas pu engager la responsabilité de celle-ci, car il s'est séparé d'elle, mais il a engagé la sienne. »[46]

211. Le simple fait de caractériser la responsabilité administrative comme celle du *représentant de l'État* a une portée qui dépasse la concrétisation du caractère dérogatoire du droit administratif par la compétence du juge administratif. Il permet d'établir un pont entre le droit administratif et le droit constitutionnel, entre la responsabilité administrative et la responsabilité politique, dans la mesure où il souligne la profonde identité de nature juridique du gouvernant et du fonctionnaire (ou de l'agent public). *Ces deux-là sont des représentants de l'État.* Dans les deux cas, il est impossible de les définir, sauf par analogie, par la notion privatiste de « mandataire ». Il y a ici une homologie profonde entre le statut des gouvernants et celui des fonctionnaires. A propos des premiers, le fameux « mandat représentatif » signifie tout simplement « qu'en droit constitutionnel, les représentants de la nation ont un droit d'autonomie »[47]. Ils n'ont pas de lien contractuel avec leurs « mandants » ; ils ne sont que les représentants de la nation, c'est-à-dire de ce point de vue, de l'État. Quant aux seconds, ils bénéficient d'une « garantie administrative » en raison justement de leur statut de représentants. Cette garantie est significative, nous rappelle Hauriou, « si l'on veut bien admettre avec nous, que tous les fonctionnaires sont des organes de l'administration et que, cependant, ils ne le font qu'autant qu'ils agissent dans la ligne de leur fonction »[48].

212. Cette théorie dite « organique » des gouvernants et des fonctionnaires unifie leur statut et explique en partie la communauté ou parenté de nature qui existe entre les deux formes de responsabilité (politique et administrative). La raison ultime de la spécificité de la responsabilité de droit public tient au statut spécifique des gouvernants ou fonctionnaires qui est celui d'être un statut de *représentants de l'État*. C'est évidemment cette spécificité qu'entend combattre la thèse de la criminalisation qui entend dépouiller le fonctionnaire, l'agent public, ou le ministre de sa tunique de représentant de l'État pour le faire comparaître en tant que simple individu. De ce point de vue, le principe de l'égalité devant la loi – en particulier devant la loi pénale – signifie moins que les gouvernants ou fonctionnaires sont, eux aussi, soumis à la loi, mais plutôt que *ces gouvernants sont des hommes comme les autres*. Bref, on l'a compris, les gouvernants ne sont plus alors considérés comme des *magistrats*, mais comme des *citoyens*. Pour le dire de manière plus polémique : la science du droit public est dans un tel état de « privatisation » de sa pensée qu'elle ne sait plus distinguer entre des magistrats et des citoyens. Or, il faut y insister, si le droit public distingue classiquement entre magistrats et citoyens, ce n'est pas pour faire croire qu'il existe des hommes « au-dessus » des autres hommes et même des lois, mais pour prendre en compte les fonctions particulières que remplissent des individus investis dans ces fonctions et habilités par la loi pour agir de telle

[46] M. Hauriou, *Précis de droit administratif*, *op. cit.*, p. 115.
[47] *Ibid.*, p. 114.
[48] *Ibid.*, p. 114.

ou telle manière. N'est-ce pas, à sa manière, ce que la Cour suprême des États-Unis a reconnu dans son arrêt *Clinton v. Jones* (1998) lorsqu'elle a reconnu que le président américain, comme tout magistrat, bénéficiait d'une immunité pour « *les seuls actes qu'il accomplit dans l'exercice des fonctions particulières de sa charge* » ? En d'autres termes, les immunités se fondent sur « *la nature de la fonction accomplie, non sur l'identité de l'acteur* qui *l'exécute* »[49].

213. Comme on le voit, on ne peut pas approfondir la question de la responsabilité des gouvernants et des fonctionnaires sans tomber sur les questions les plus aiguës du droit public c'est-à-dire, dans le contexte français, sans réexaminer les questions les plus vives de la théorie de l'État. Que ces questions soient ignorées ou enfouies par ceux qui, par obligation, doivent traiter rapidement l'actualité politique ou juridique ne doit pas surprendre, mais n'est-ce pas le rôle de la doctrine juridique, des juristes-universitaires, de les faire réémerger dans toute leur acuité et leur profondeur ?

Addendum : achevé fin 1999, cet article n'a pu prendre en compte la réforme de la responsabilité pénale issue de la loi du 10 juillet 2000. Nous renvoyons pour une première étude au mémoire de DEA d'A. Bedelet, *La réforme de la responsabilité pénale des élus locaux*, Paris II, 2001.

---

[49] S Ct *Clinton v. Jones* du 27 mai 1997, cité et traduit par E. Zoller, *De Nixon à Clinton. Malentendus juridiques transatlantiques*, PUF, coll. Béhémoth, 1999, p. 51.

3

LES LECTURES DE L'ARTICLE 68 DE LA CONSTITUTION

Michel TROPER
Professeur à l'Université Paris X

214. On sait que Kelsen distinguait deux types d'interprétation : scientifique et authentique. L'interprétation authentique est celle qui émane d'une autorité habilitée et à laquelle seule l'ordre juridique fait produire des effets. L'interprétation scientifique, qui émane d'une personne non habilitée, par exemple d'un professeur de droit, ne produit aucun effet. Elle a seulement pour objet de faire apparaître les sens possibles d'un énoncé. Bien entendu, il n'est jamais possible de les faire apparaître tous, parce qu'il n'y a pas de limite à l'imagination des interprètes et parce qu'il se peut que le sens qui sera finalement choisi par l'interprète authentique ne corresponde à aucun de ceux auxquels les interprètes scientifiques avaient songé. Les deux interprétations diffèrent non seulement par la qualité de leurs auteurs et par leurs effets, mais aussi par la nature même du langage qu'ils emploient et des énoncés qu'elles produisent. L'interprétation scientifique est descriptive, l'interprétation authentique est prescriptive, elle est une décision. Cependant, si l'interprétation de la doctrine n'est pas un discours scientifique comme les autres, il est bien descriptif, mais les propositions qu'il contient ne peuvent être vérifiées. Elles ne consistent pas en effet dans la description du comportement des interprètes authentiques, ni même dans une prédiction de ce comportement, mais dans une description des comportements possibles et même pas de tous les comportements possibles. On peut donc seulement la dire scientifique dans la mesure où elle n'est pas une décision et où elle n'exprime aucune préférence ou aucun jugement de valeur.

On peut cependant concevoir une interprétation du troisième type, qui ne serait ni prescription du sens, ni description des sens possibles, mais analyse de l'activité interprétative réelle, celle des autorités compétentes pour donner l'interprétation authentique et celle des professeurs, en vue de déterminer les significations possibles. Cette analyse serait conduite à un niveau méta-linguistique ; elle serait à la fois descriptive de l'activité interprétative, en tant qu'elle rechercherait une typologie des arguments utilisés ; mais elle aurait elle-même un caractère interprétatif. Elle viserait notamment à énoncer les raisons pour lesquelles, dans les faits, certains arguments emportent la préférence et à dévoiler les présupposés de l'activité interprétative. On pourrait donc la caractériser comme une méta-interprétation.

C'est un travail de ce type que semble imposer le titre qui m'a été suggéré et qui vise non « les interprétations possibles de l'article 68 » mais ses « lectures ». Les *lectures,* ce sont, non pas toutes les interprétations possibles, mais celles qui sont effectivement proposées par la doctrine et la jurisprudence et qui fondent des pratiques différentes. C'est en ce sens qu'on parle des « lectures » de la constitution de 1958 pour distinguer les périodes de concordance des majorités et les périodes de cohabitation, ou encore d'une lecture présidentialiste ou d'une lecture parlementaire de la constitution, dès lors qu'on considère diverses pratiques comme également conformes au texte. Contrairement aux expressions « signification » de l'article 69 ou « commentaire de l'article 68 », qui désigneraient la recherche d'un sens véritable, parler de « lectures » implique que plusieurs sont possibles. On peut voir là une première indication d'un abandon implicite, au moins chez les organisateurs de ce colloque, de la conception cognitiviste de l'interprétation et d'un ralliement à la thèse réaliste.

215. Quelques constatations s'imposent :

1. Au sein de la doctrine constitutionnaliste, les discussions sur le sens de l'article 68 sont tributaires de l'actualité, quant au choix de l'énoncé ou de la partie d'énoncé à interpréter[1]. Ce qui intéressait plutôt, il y a quelques années, c'était l'expression « haute trahison ». On se demandait ce qui constitue le crime de haute trahison. Aujourd'hui, on se borne à écrire qu'il s'agit d'une « notion mal définie »[2], dont on précise parfois cependant qu'elle semble « distincte du crime de trahison prévu et réprimé par le code pénal[3]. On s'accorde, pour reprendre une idée du sénateur Dailly, à considérer qu'il s'agit d'un usage anticonstitutionnel des pouvoirs conférés par la constitution ou d'une tentative pour s'arroger des compétences que la constitution ne confère pas, mais, comme la question ne s'est jamais posée en pratique, il y a peu d'arguments qui conduiraient à une interprétation différente de l'expression « haute trahison ».

2. Cependant, depuis quelques mois, on s'attarde davantage sur l'expression « actes accomplis dans l'exercice des fonctions ». Il y a à cela plusieurs raisons : l'ouverture d'une information concernant la mairie de Paris, qui aurait pu s'étendre à l'activité passée de l'actuel Président de la République en tant que

---

[1] Le texte de l'article 68 est assez court pour pouvoir être cité : « Le Président de la République n'est responsable des actes accomplis dans l'exercice de ses fonctions qu'en cas de haute trahison. Il ne peut être mis en accusation que par les deux assemblées statuant par un vote identique au scrutin public et à la majorité absolue des membres les composant, il est jugé par la Haute Cour de Justice ». V. parmi les publications récentes, G. Carcassonne, « Le Président de la République française et le juge pénal », *in Mélanges Ardant*, 1999, pp. 275 et s. ; E. Dezeuze, « Un éclairage nouveau sur le statut pénal du Président de la République », *Revue de science criminelle*, n° 3, 1999, p. 497 et s., D. Chagnollaud, « Le Président et la doctrine : à propos de la responsabilité pénale du chef de l'État », *RD publ.*, n° 6, 1999, p. 1669 et s. Et on trouvera sur le site web du Conseil constitutionnel, une bibliographie relative aux commentaires de sa décision du 22 janv. 1999.

[2] Ch. Debbasch, *La constitution de la Ve République. Pratique et jurisprudence*, Paris, Dalloz, 1999.

[3] L. Favoreu et al., *Droit constitutionnel*, 2e éd. Paris, Dalloz, 1999, n° 618.

maire ; une jurisprudence récente de la Cour de Cassation, qui a donné de l'expression « actes accomplis par les ministres dans l'exercice de leurs fonctions », contenue dans l'article 68-1, une interprétation que certains ont été tentés de transposer au Président de la République ; enfin la décision par laquelle le Conseil constitutionnel a considéré que le traité instituant la Cour pénale internationale comportait des clauses contraires à l'article 68 de la constitution, décision qui a donné lieu à une controverse animée[4].

3. La question est simple : étant entendu que le Président de la République n'est pas responsable pour les actes accomplis dans l'exercice de ses fonctions, sauf en cas de haute trahison, on se préoccupe avant tout de déterminer s'il est responsable des actes commis en dehors de cet exercice et dans l'affirmative devant quelle juridiction. C'est donc non de la totalité de l'article 68, mais principalement de ce point qu'il sera question ici.

4. Le raisonnement de la Cour de Cassation à propos des ministres n'est pas directement transposable pour au moins deux raisons. La première est que la qualification d'un acte quelconque comme relevant de l'exercice des fonctions a des conséquences très différentes dans les deux cas, puisque les ministres doivent être traduits devant la Cour Justice de la République, tandis que le Président est irresponsable sauf le cas de haute trahison. La seconde raison est que la controverse, dont il est question ici, ne porte pas sur le point de savoir ce qu'il faut entendre par « actes accomplis dans l'exercice de ces fonctions », mais seulement pour toute définition de cette expression, sur la responsabilité du Président de la République pour ces actes. En d'autres termes, pour raisonner sur l'exemple donné par le Professeur Carcassonne[5], si le Président frappe le Premier ministre, on ne se souciera pas de savoir s'il a agi ou non dans le cadre de ses fonctions, mais seulement de déterminer, pour le cas où l'on répondrait par l'affirmative, le régime de responsabilité.

A la question ainsi délimitée la quasi-totalité de la doctrine répond que, si le chef de l'État n'est pas responsable des actes accomplis dans l'exercice des fonctions, il est indiscutablement responsable des autres actes. Elle se divise seulement sur la question de savoir à quel moment il pourra être poursuivi et devant quelle juridiction.

216. Il existe deux types de réponses possibles[6] :

1. pour les actes étrangers à ses fonctions, le Président de la République est responsable selon les règles du droit commun.

2. Pour ces actes, bien qu'il soit responsable, il bénéficie d'une immunité de juridiction. La seconde réponse se subdivise en deux branches :

i) Cette responsabilité doit s'exercer selon une procédure dérogatoire : le Président est mis en accusation par les deux assemblées et jugé par la Haute Cour, comme pour les actes accomplis dans l'exercice de ses fonctions qui seraient constitutifs du crime de haute trahison.

---

[4] Décision n° 98-408 DC du 22 janv. 1999.

[5] *Op. cit.*

[6] V. Notamment parmi les publications récentes, Carcassonne et Dezeuze, *op. cit.*

ii) Pendant la durée de son mandat, le Président ne peut être jugé ni par les tribunaux ordinaires, ni par la Haute Cour. Sa responsabilité ne pourra s'exercer qu'au terme du mandat, étant entendu que la prescription sera interrompue jusqu'à ce terme.

Ces deux variantes de la seconde réponse sont à la fois très différentes et non incompatibles. Elles sont évidemment différentes, parce que, dans le premier cas, les chambres, aussi bien que la Haute Cour, se prononceront pour des raisons politiques, tandis que l'enjeu politique aura disparu ou sera moins élevé, une fois le mandat achevé. Elles ne sont cependant pas incompatibles, puisque, si les assemblées ont délibéré sur l'accusation, mais n'ont pas saisi la Haute Cour, les poursuites pourront toujours être exercées selon les procédures de droit commun après la fin du mandat.

Il ne saurait s'agir ici d'argumenter en faveur de l'une de ces solutions, mais seulement de décrire les arguments[7]. On examinera donc successivement le mode d'argumentation employé et la signification de ce mode d'argumentation du point de vue de la théorie de l'interprétation.

I. – Le mode d'argumentation

217. Dans tous les cas, l'interprétation vise à déterminer non une signification subjective, correspondant à l'intention des constituants, mais une signification objective indépendante de toute intention. C'est la raison pour laquelle les arguments tirés des travaux préparatoires ne sont employés que s'ils peuvent servir à renforcer une interprétation littérale ou téléologique. Cela étant, le trait le plus frappant de l'argumentation adoptée par les partisans de l'une ou l'autre solution est que les arguments y sont hiérarchisés : l'interprétation littérale et systémique est justifiée par une interprétation téléologique, à la fois fonctionnaliste et axiologique.

A. – L'interprétation du mode d'argumentation

218. Les arguments de texte sont employés par les partisans de la responsabilité de droit commun, comme par ceux qui souhaitent un régime dérogatoire.

1. – Pour la responsabilité de droit commun

219. Le principal argument en faveur de cette thèse est que l'article 68 énonce un principe général, l'irresponsabilité du Président de la République pour

[7] La plupart des arguments sont excellemment présentés dans l'article de G. Carcassonne, *op. cit.*, dans le texte non signé « la responsabilité pénale du chef de l'État » placé sur le site web du Conseil constitutionnel par le secrétariat général, ainsi que dans l'article de D. Chagnollaud, *op. cit.*

les actes de sa fonction, assorti d'une exception, les actes constitutifs de haute trahison pour qui seraient constitutifs du crime de haute trahison. Il en résulte *a contrario* qu'il n'est pas irresponsable pour les actes accomplis en dehors de l'exercice des fonctions. L'irresponsabilité est un régime exorbitant du droit commun, qui ne peut se présumer. Les constitutions monarchiques proclament de façon explicite l'irresponsabilité du roi, mais ce n'est pas le cas de la constitution de 1958. Le chef de l'État n'est donc pas seulement responsable pour les actes de haute trahison accomplis dans l'exercice de ses fonctions, mais aussi pour tous les autres actes.

220. Mais, quelle est la juridiction compétente pour juger ces actes et quelle est la procédure pour les poursuivre ? Pour montrer que cette juridiction est la juridiction de droit commun, il faut soutenir la thèse de l'incompétence de la Haute Cour, qui dépend elle-même de plusieurs arguments.

221. Un premier argument est systémique : les deux phrases de l'article 68 figurent dans un même paragraphe et doivent être lues ensemble. Par conséquent, la seconde habilite les deux assemblées à mettre le Président en accusation pour le crime de haute trahison et seulement pour ce crime[8].

222. De même, l'idée que la procédure de la Haute Cour est réservée au cas de la haute trahison peut être justifiée par la maxime selon laquelle les exceptions doivent être interprétées restrictivement. Or, l'article 68 apporte bien une exception au droit commun. Par conséquent, si la constitution attribue une compétence à la Haute Cour par dérogation aux règles du droit commun, cette compétence ne peut concerner que le cas de la haute trahison. De plus, les compétences ne se présument pas et la Haute Cour ne saurait exercer une compétence qui n'aurait pas été expressément attribuée. Or, la constitution ne lui confère aucune expressément aucune compétence pour juger le Président de la République pour des actes extérieurs à ses fonctions.

223. *A contrario*, les actes qui ne sont pas soumis au régime dérogatoire sont nécessairement soumis au régime de droit commun. On peut raisonner ici par analogie avec la situation des ministres, telle qu'elle était régie par le second alinéa de l'article 68 avant la révision de 1993. Ils étaient responsables devant la Haute Cour de Justice pour les actes accomplis dans l'exercice de leurs fonctions. Or, cette disposition a toujours été interprétée comme laissant subsister une responsabilité de droit commun pour les autres actes.

224. Enfin, l'interprétation littérale peut être confortée par un argument historique : l'article 68 diffère des dispositions correspondantes en vigueur sous les IIIe et IVe République : « le Président de la République n'est responsable que dans le cas de haute trahison »[9], puisqu'il comporte la précision supplémentaire « responsable des actes accomplis dans l'exercice de ses fonctions ». On croit pouvoir en déduire premièrement que, sous la IIIe et la IVe République, le

---

[8] V. P. Avril, « A propos de l'interprétation littérale de l'article 68 de la constitution », *RFDA*, 15 (4), juill.-août 1999, p. 716 et s.

[9] Les rédactions de l'article 6 de la loi du 25 févr. 1875 et de la première phrase de l'article 42 de la Constitution de 1946 sont identiques : Le Président de la République n'est responsable que dans le cas de haute trahison.

Président de la République était totalement irresponsable en dehors du crime de haute trahison, deuxièmement que ce crime pouvait être commis aussi bien en dehors des fonctions que dans l'exercice des fonctions, troisièmement que sous la Ve République, en revanche, la haute trahison est seulement un usage grossièrement abusif des fonctions, si bien que les actes extérieurs aux fonctions ne peuvent pas être constitutifs de haute trahison, quatrièmement que le Président reste responsable de ces actes sous la Ve République, mais cinquièmement que la Haute Cour n'est pas compétente et qu'ils relèvent des juridictions de droit commun.

Mais, il existe aussi des arguments littéraux et systémiques en faveur d'une protection particulière du Président de la République.

2. – Pour la compétence de la Haute Cour

225. Il s'agit d'abord d'un argument de texte. Les deux phrases ne devraient pas être lues ensemble, mais séparément. La thèse de la responsabilité de droit commun présuppose en effet que la deuxième phrase doit être lue comme si elle commençait par l'expression « *dans ce cas* », et « dans ce cas, il ne peut être mis en accusation que par les deux assemblées statuant par un vote identique au scrutin public… ». Or, cette expression ne figure nullement dans le texte. Bien plus, elle se trouvait dans un avant-projet de la constitution de 1958, élaboré par Michel Debré[10]. Le fait qu'on l'ait fait disparaître signifie donc la volonté du constituant de ne pas limiter le droit d'accusation à la haute trahison. Le Président peut donc être accusé devant la Haute Cour pour n'importe quel crime ou délit.

226. L'argument peut d'ailleurs se présenter sous la variante suivante : le Président n'est responsable dans l'exercice de ses fonctions qu'en cas de haute trahison ; mais ce crime pourrait bien être commis aussi en dehors de l'exercice des fonctions. Le Président pourrait, par exemple, sans utiliser ses pouvoirs constitutionnels, prendre part à une tentative de coup d'État. L'article 68 signifie alors que le Président est responsable pour le crime de haute trahison, même s'il a été commis dans l'exercice de ses fonctions.

227. Dans sa variante principale, l'argument se présente comme une autre application de la maxime, déjà invoquée en faveur de la thèse du régime de droit commun : les exceptions doivent être interprétées restrictivement. L'irresponsabilité du chef de l'État pour les actes de sa fonction est une exception à la responsabilité qui pèse sur chacun. Elle ne peut donc le protéger pour les actes de sa vie privée ou pour les actes antérieurs à son élection.

228. On peut encore ajouter, ici aussi, un argument systémique : on ne peut comprendre l'article 68 que par référence à l'ensemble de la constitution et notamment à la place qu'il occupe dans le document. Or, il figure dans le titre IX, « la Haute Cour de Justice », qui ne comprend que deux articles. Le premier détermine le statut et la composition de la Haute Cour, le second sa compétence.

---

[10] F. Luchaire et D. Mauss, 1987, t. I, p. 251.

Elle est compétente pour juger les crimes du Président (et autrefois des ministres) dont les chambres se portent accusatrices.

229. Il apparaît ainsi qu'on peut invoquer en faveur de l'une ou l'autre thèse des arguments de texte également convaincants, de sorte qu'il est indispensable de les compléter par d'autres types d'arguments, principalement d'ordre axiologique et téléologique[11].

B. – L'INTERPRÉTATION AXIOLOGIQUE ET FONCTIONNELLE

230. On met sous cette rubrique tous les arguments qui visent à montrer soit que la solution qu'on préconise est seule compatible avec certains principes incontestables, soit qu'elle permet seule le bon fonctionnement du régime.

1. – Pour le régime de droit commun

231. Il s'agit principalement d'un argument axiologique tiré du principe d'égalité devant la loi : il serait choquant que le Président de la République bénéficiât soit d'une irresponsabilité totale, soit d'un régime de responsabilité beaucoup plus protecteur que celui qui pèse sur les autres citoyens.

232. Mais le principe d'égalité pourrait aussi être invoqué à l'appui de la thèse inverse : permettre aux assemblées de l'accuser pour des actes étrangers aux fonctions, ce serait ajouter à leur pouvoir discrétionnaire. On observe déjà qu'elles peuvent considérer que tel acte accompli dans l'exercice des fonctions est constitutif de la haute trahison et qu'elles prennent cette décision pour des raisons exclusivement politiques. Si elles peuvent faire la même chose pour des actes étrangers aux fonctions, on place le chef de l'État entre leurs mains et la responsabilité devient politique. De même, le Président de la République ne doit pas être moins bien protégé que les parlementaires.

2. – Pour un régime dérogatoire

233. Le principal argument fonctionnaliste en faveur d'un régime dérogatoire est qu'un Président de la République, qui serait soumis à un régime de droit commun, serait dans l'impossibilité d'exercer normalement ses fonctions.

234. Cet argument peut prendre la forme d'une invocation du principe de la séparation des pouvoirs : il faut éviter de soumettre le Président de la République à l'autorité judiciaire, c'est-à-dire de le mettre à la merci de n'importe quel procureur.

---

[11] Sur la hiérarchisation des arguments dans un contexte différent, v. F. Muller, *Discours de la méthode juridique*, trad. O. Jouanjean, Paris, PUF, 1996 (Juristische Methodik, Berlin, Duncker & Humblot, 5e éd. 1993).

235. Il peut se présenter aussi comme un argument conséquentialiste, qui serait une démonstration par l'absurde : si le Président de la République était réellement soumis au droit commun, il devrait pouvoir être placé en garde à vue, voire en détention provisoire[12].

236. On ajoute parfois qu'il pourrait être difficile de faire la distinction entre les actes accomplis dans l'exercice des fonctions et les autres. Pour reprendre un exemple imaginé par Guy Carcassonne, si le Président de la République rosse le Premier ministre pendant le conseil des ministres, on peut estimer qu'il s'agit d'un acte qui se rattache clairement à l'exercice des fonctions, s'il le rosse au cours d'un dîner chez des amis communs, la réponse est moins claire.

237. Cela étant, si le Président est soumis à un régime dérogatoire de responsabilité, ce régime peut être ou bien une simple suspension des poursuites jusqu'à la fin du mandat ou bien le même régime que pour les actes de haute trahison accomplis dans l'exercice des fonctions.

238. En faveur de la première branche, on peut soutenir que l'atteinte inévitable au principe d'égalité serait moins forte, que les chambres, si elles étaient compétentes pour accuser le Président pour des actes extérieurs aux fonctions, pourraient se servir de ce pouvoir pour mettre en jeu une véritable responsabilité politique.

239. En faveur de la seconde, on peut faire valoir que la suspension des poursuites jusqu'à la fin des fonctions pourrait conduire à une véritable impunité, notamment si le Président accomplissait un second mandat, ou bien que la question de savoir si les actes reprochés au Président ont été commis dans ou en dehors de l'exercice des fonctions est une question politique, qui ne peut être tranchée que par une autorité politique.

240. On constate ainsi que, quelle que soit la thèse soutenue, si les arguments sont profondément différents, le mode d'argumentation est identique : on énonce des arguments de texte, que l'on conforte par des arguments axiologiques et ceux-ci sont à leur tour appuyés par des arguments fonctionnels. Il faut donc s'interroger sur la signification de ce mode d'argumentation.

II. – LA SIGNIFICATION DE CE MODE D'ARGUMENTATION

241. Le mode d'argumentation présente en réalité une signification sensiblement différente selon que c'est la doctrine ou les juges qui y ont recours. Dans les deux cas, il paraît conforter la théorie réaliste de l'interprétation.

[12] G. Carcassonne, *op. cit.*

A. – Dans la doctrine

242. Interpréter, c'est déterminer la signification d'un énoncé. Mais on peut concevoir cette signification de deux façons différentes. Elle peut être subjective, si elle s'identifie avec l'intention de l'auteur du texte, objective si elle désigne la manière dont on doit la comprendre, indépendamment des intentions de cet auteur. Or, la plupart des arguments employés par la doctrine lorsqu'elle s'efforce de déterminer la signification de l'article 68 se rattachent à une conception objectiviste. Il y a à cela une explication qui paraît s'imposer : comme l'a fréquemment souligné le Doyen Vedel, en droit, l'auteur de la constitution de 1958 est seulement le peuple français, qui l'a adoptée par référendum et il est évidemment impossible de découvrir les intentions de tous les citoyens qui ont participé à la consultation. On pourrait ajouter que la question des infractions présidentielles non rattachables à l'exercice des fonctions n'a guère fait l'objet de discussions au sein du Comité Consultatif constitutionnel. Cependant, on peut remarquer que ce n'est pas seulement cette disposition de la constitution de 1958, ni seulement la constitution de 1958 qui sont interprétées de cette manière. Il en va de même de tout document, dont l'auteur a été animé par des intentions qui ne sont pas connaissables ou dont les conceptions sont connues, mais inadmissibles pour l'interprète. C'est le cas de la Déclaration des droits de l'homme de 1789. Pour certains de ses articles – l'article 16 en offre un bon exemple – nous ne disposons d'aucun document préparatoire susceptible de nous livrer les intentions des auteurs. Pour d'autres – qu'on songe aux dispositions sur l'égalité ou sur la propriété – nous pourrions nous faire une idée assez précise des intentions des constituants de 89, mais si la signification de la déclaration s'identifiait à ces intentions, elle serait en grande partie inapplicable.

243. On a donc la ressource de soutenir que les textes possèdent une signification objective, complètement indépendante des intentions des auteurs. Pourtant cette conception objectiviste ne va pas sans problèmes. La signification objective peut en effet tenir aux propriétés du langage ou aux fonctions de la norme recherchée.

244. Or, si l'on assimile la signification objective à celle qui résulte de la compréhension du texte par un individu raisonnable et connaissant la langue, et si cette signification objective est différente de l'intention connue de l'auteur du texte, on doit justifier cette assimilation et l'on ne peut le faire qu'en soutenant que l'auteur a produit une norme, mais sans savoir ce qu'il le faisait. Cependant, à la question de savoir pourquoi il faudrait obéir à une norme qui a été produite malgré ou indépendamment de la volonté de l'autorité compétente, il n'existe pas de réponse satisfaisante.

245. De même, la signification objective peut tenir aux fonctions de la norme. Mais là encore, ou bien il s'agit des fonctions que l'auteur du texte aurait souhaité lui faire produire et la signification n'est pas réellement objective – elle n'est qu'un moyen de retrouver l'intention, c'est-à-dire la signification subjective – ou bien il s'agit de la fonction que devrait remplir le texte dans la société, parce qu'il conduira à des comportements désirables, fonction différente de celle que lui assignait l'auteur, mais dans ce cas, c'est seulement par une convention de langage que l'on parle encore de signification du texte.

246. La prétendue signification objective n'est donc en réalité que celle qui, aux yeux de l'interprète, est la meilleure possible. L'interprète exprime ainsi sa conception du monde.

247. On distingue souvent à la suite de Kelsen deux conceptions de l'interprétation, la première selon laquelle elle est une fonction de la connaissance, l'autre selon laquelle elle est une fonction de la volonté. Kelsen fait coïncider avec cette opposition la fameuse distinction entre l'interprétation scientifique, activité de caractère cognitif de la doctrine, et l'interprétation authentique, produite par les autorités habilitées et qui serait une fonction de la volonté. Mais on voit que la doctrine, lorsqu'elle recherche une signification objective exprime, elle aussi, des préférences, c'est-à-dire une volonté. Aussi, la distinction entre l'interprétation scientifique et l'interprétation authentique ne correspond-elle pas à la distinction entre connaissance et volonté. Il s'agit de deux volontés. La différence est que celle-ci, mais non celle-là, produit des effets en droit.

248. C'est bien ce qu'illustre la controverse doctrinale sur l'article 68. Les arguments de texte ne visent pas à rechercher l'intention d'un constituant insaisissable et sont de toute manière considérés comme non décisifs. On se sert donc d'arguments fonctionnels et axiologiques pour tenter de trancher un conflit d'arguments de texte. L'article 68 signifie ce qu'il signifie non en raison des mots qu'il contient ou de l'intention du constituant, impossible à connaître, mais en raison des valeurs qu'on considère comme les plus importantes : le principe d'égalité ou le bon fonctionnement du système politique, même si l'on ne se fait pas la même idée de l'égalité ou du bon fonctionnement.

249. Il y a en effet plusieurs conceptions de l'égalité. On peut admettre que le principe d'égalité est appliqué si le chef de l'État est soumis au même régime que les autres citoyens ou bien qu'il n'est bien appliqué que si l'on reconnaît qu'étant dans une situation différente, il doit être traité différemment. Et si sa situation est différente de celle des autres citoyens, faut-il considérer qu'elle est analogue à celle des parlementaires ou à celle des ministres ? Les raisons qui font préférer telle ou telle conception de l'égalité ne peuvent naturellement être tirées de la constitution. Et à supposer même qu'on parvienne à s'accorder sur une conception du principe d'égalité, il faudrait encore décider s'il doit l'emporter ou au contraire céder aux arguments fonctionnels.

250. Pourtant, il en va de même des arguments fonctionnels : un système qui fonctionne bien ou un système démocratique est-il celui dans lequel le chef de l'État échappe à la surveillance des assemblées pour n'être contrôlé que par l'autorité judiciaire, celui dans lequel les citoyens respectent une constitution qui ne place personne au-dessus des lois, ou bien celui dans lequel il peut exercer sa fonction à l'abri des pressions des juges et où il ne sera poursuivi que par une autorité politique élue et seulement en cas d'extrême nécessité ou encore celui dans lequel il serait inviolable ?

Ainsi, en faisant prévaloir la signification objective sur la signification subjective, puis les arguments axiologiques sur les arguments de texte et les arguments fonctionnels sur les arguments axiologiques, la doctrine ne fait qu'exprimer des préférences relatives au mode de fonctionnement et à la forme du système politique. Au total, le fondement véritable de la thèse de la responsabilité de droit commun du Président de la République, comme de la thèse opposée du régime dérogatoire n'est pas l'idée que l'article 68 contient cette norme, mais que les exigences de justice et les nécessités d'un bon fonctionnement du système politique seraient satisfaites s'il la contenait.

Selon la théorie réaliste, l'interprétation est toujours le produit de choix discrétionnaires, qui expriment eux-mêmes des préférences personnelles. Ces préférences sont celles des juges, mais aussi des autres interprètes.

B. – DANS LA DÉCISION DU CONSEIL CONSTITUTIONNEL

251. On peut trouver une autre confirmation de la théorie réaliste dans la décision par laquelle le Conseil constitutionnel a interprété l'article 68. D'une part, comme la doctrine, il a été guidé par des préférences de nature idéologique, sans pouvoir échapper à quelques contraintes spécifiques. D'autre part, en interprétant, il a énoncé des normes constitutionnelles et modifié la répartition des compétences.

1. – POUVOIR DISCRÉTIONNAIRE ET CONTRAINTES DE L'INTERPRÉTATION

252. La décision du Conseil constitutionnel est très peu argumentée et son raisonnement ne peut être analysé qu'au prix d'une reconstruction, dont on ne peut jamais être certain qu'elle correspond à la réalité[13].

Le Conseil constitutionnel, comme la doctrine, n'accorde qu'une faible importance aux arguments de texte, pour des raisons analogues : ils conduisent à des conclusions incertaines, de sorte qu'on peut être est amené à conclure que « la constitution ne disait rien d'explicite » sur cette question et que ce silence doit être interprété en combinant « plusieurs principes d'égale valeur constitutionnelle : l'égalité devant la justice... le principe de la légalité des peines et des délits, le principe de la séparation des pouvoirs, la continuité de l'État et la place éminente assignée aux fonctions présidentielles par la constitution ». En pratique, cette combinaison se traduit par une prééminence accordée aux principes de la séparation des pouvoirs et à l'importance de la fonction présidentielle sur le principe d'égalité, donc à des arguments fonctionnels sur des arguments axiologiques[14].

---

[13] On dispose heureusement d'indices précieux grâce au texte préparé par son secrétaire général.

[14] Le secrétariat général du Conseil constitutionnel cite le Professeur Carcassonne, « certes, le principe d'égalité des citoyens devant la justice a valeur constitutionnelle, mais (aussi) le principe de

253. Cette prééminence ne fait d'ailleurs l'objet d'aucune justification et ce silence paraît révélateur de contraintes spécifiques à l'argumentation constitutionnelle. Il aurait été facile de proclamer que le principe d'égalité impose de traiter de façon égale des situations semblables mais de façon inégale des situations dissemblables. On aurait même pu, au lieu de mettre en balance le principe d'égalité et l'importance de la fonction présidentielle et de soutenir que celui-ci justifie une limitation de celui-là, affirmer que c'est le principe d'égalité correctement entendu – et non pas la nécessité de limiter son application – qui impose un régime dérogatoire au profit du Président de la République.

254. Pourquoi n'avoir pas procédé ainsi ? Sans doute en raison de la nécessité pour le Conseil constitutionnel de paraître se borner à appliquer une norme constitutionnelle positive. Or, le principe d'égalité, s'il est invoqué comme principe d'interprétation constitutionnelle, ne peut pas jouer comme principe de droit positif. Lorsque le Conseil contrôle la conformité d'une loi au principe d'égalité ou l'interprète à la lumière de ce principe, il peut énoncer la règle « il faut traiter également les cas identiques et différemment les cas différents », parce que cette énonciation est elle-même une interprétation du principe d'égalité proclamé par le texte constitutionnel. En revanche, lorsqu'il doit interpréter une disposition constitutionnelle qui ne prescrit pas l'égalité, à la lumière du principe d'égalité, celui-ci devient un principe extérieur à la constitution. Il y a bien en effet dans le texte constitutionnel un principe d'égalité devant la loi, que l'on étend pour en faire un principe d'égalité « dans la loi », qui s'impose au législateur. Mais, si l'on peut considérer comme implicite un principe d'égalité « devant la constitution » qui interdirait par exemple d'appliquer différemment la constitution selon le sexe ou la religion du Président de la République, il n'y a pas de principe d'égalité « dans la constitution » qui imposerait au pouvoir constituant de soumettre à des régimes juridiques identiques ceux qui se trouvent dans des situations identiques et qui justifierait ce mode d'interprétation par le juge constitutionnel. Dès lors que ce principe n'existe pas dans la constitution, le Conseil constitutionnel ne pourrait l'invoquer que comme un principe de droit naturel.

255. L'argument fonctionnel, l'importance de la fonction présidentielle, la nécessité de permettre au chef de l'État d'exercer pleinement ses fonctions, apparaît en regard parfaitement objectif – on se borne à constater qu'un Président de la République mis en examen ou simplement entendu comme témoin ne serait pas en mesure d'assumer ses responsabilités – et en conformité avec le texte constitutionnel qui définit ses prérogatives, comme avec l'intention du constituant. En apparence, donc, le juge constitutionnel n'a pas exprimé de préférence. Il n'a pas énoncé une norme juridique, mais seulement une norme technique : pour que la constitution puisse remplir sa fonction, il faut que le Président soit à l'abri des poursuites.

256. Cependant, l'argument fonctionnel – on l'a vu à propos de la doctrine – n'est pas plus objectif que l'argument axiologique et la décision du Conseil

---

séparation des pouvoirs » et le Professeur Favoreu, « le principe de séparation des pouvoirs... commande l'atténuation ou la limitation provisoire du principe d'égalité ».

constitutionnel est fondée sur les préférences relatives à la nature et au mode de fonctionnement du régime.

2. – *MODIFICATION DE LA RÉPARTITION DES COMPÉTENCES*

257. Selon la théorie réaliste, le pouvoir d'interprétation permet à l'interprète authentique de modifier la norme contenue dans l'énoncé qu'il interprète. Le Conseil constitutionnel n'est pas seulement un co-législateur[15]. Il est co-constituant. Par la décision du 22 janvier 1999, le Conseil émet simultanément plusieurs normes.

258. Il a d'abord limité la compétence du parquet qui ne peut exercer de poursuites contre le Président de la République.

259. Il a aussi modifié indirectement les compétences de l'autorité judiciaire. S'il avait retenu l'interprétation selon laquelle le Président de la République est soumis pour les actes étrangers à ses fonctions à une responsabilité de droit commun, c'est aux autorités judiciaires qu'il serait revenu de décider dans chaque cas, comme elles le font pour les ministres, si telle infraction relève ou non de l'exercice des fonctions. Avec l'interprétation qui a été adoptée, ce pouvoir leur échappe, puisque tous les actes du Président bénéficient du privilège de juridiction.

260. Il a surtout modifié les compétences des assemblées parlementaires, dotées d'un nouveau pouvoir d'interprétation. La doctrine avait souligné à juste titre que, comme la haute trahison ne faisait l'objet d'aucune définition, serait constitutif de haute trahison tout acte dont les assemblées se portent accusatrices et ainsi qualifié par la Haute Cour[16].

261. Ce sont ces pouvoirs que le Conseil constitutionnel étend. Il a en effet laissé subsister une ambiguïté. La phrase « *qu'au surplus, pendant la durée de ses fonctions, sa responsabilité pénale ne peut être mise en cause que devant la Haute Cour de Justice* », peut avoir au moins trois significations :

a) La responsabilité du Président ne peut être mise en cause devant la Haute Cour que pour haute trahison. Mais la haute trahison ne pourrait être commise que dans l'exercice des fonctions. Donc, pour les actes accomplis en dehors de l'exercice de ses fonctions, le Président bénéficierait d'une totale immunité de juridiction.

---

[15] M. Troper, *Pour une théorie juridique de l'État*, Paris, PUF, 1994, p. 291 et s.

[16] On peut faire la même remarque à chaque fois qu'un texte prescrit une procédure d'accusation ou de jugement pour un crime sans définition. Ainsi, les « crimes contre la constitution » de la constitution française de 1791 ou les « *high crimes and misdemeanors* » qui peuvent, selon la constitution américaine, donner lieu à une accusation par la chambre des représentants et à un jugement par le Sénat. Gerald Ford, alors membre de la chambre des représentants, pouvait dire en 1970, dans un débat sur une tentative d'*impeachment* de Willliam Douglas, juge à la Cour suprême, qu'un *impeachable offense* était *an impeachable offense* « *whatever a majority of the House of Representatives considers it to be at a given moment in history* ». V. E. Zoller, *De Nixon à Clinton. Malentendus juridiques transatlantiques*, Paris, PUF, 1999.

b) La responsabilité du Président peut être mise en cause devant la Haute Cour pour haute trahison, mais certains actes accomplis en dehors de l'exercice des fonctions pourraient être considérés comme constitutifs du crime de haute trahison, par exemple parce qu'ils portent gravement atteinte à la constitution.

c) Sa responsabilité peut être mise en cause devant la Haute Cour pour toutes les infractions qu'il a pu commettre avant le début de son mandat ou celles qu'il peut commettre pendant son mandat, mais en dehors de l'exercice de ses fonctions, même si l'on considère qu'elles ne sont pas constitutives de haute trahison. Ainsi, si le crime, dont il est soupçonné, ne porte pas atteinte par lui-même à la constitution, mais qu'il est d'une gravité telle qu'on ne peut pas imaginer que le Président achève tranquillement son mandat.

262. Il est inutile de souligner que le choix entre ces trois significations aurait des conséquences très importantes, notamment sur le point de savoir si la Haute Cour serait liée par la définition des crimes et délits et la détermination des peines fixées par le code pénal ou encore si l'acquittement pour le crime de haute trahison empêcherait après la fin du mandat la reprise des poursuites pour une infraction de droit commun.

L'important est que le choix entre ces trois significations ait été laissé par le Conseil constitutionnel aux assemblées parlementaires. En le leur abandonnant, il admet le caractère irréductiblement politique d'une telle interprétation, ce qui constitue une forme de ralliement implicite à la théorie réaliste.

4

L'EXÉCUTION DES DÉCISIONS DU CONSEIL CONSTITUTIONNEL RELATIVES À LA RESPONSABILITÉ PÉNALE DES GOUVERNANTS

Guillaume DRAGO
Professeur à l'Université Panthéon-Assas (Paris II)

263. La question de la prise en considération des décisions du Conseil constitutionnel relatives à la responsabilité pénale des gouvernants nécessite en préalable de définir ce dont on va parler. Il s'agit ici de présenter les suites d'une décision rendue par le Conseil constitutionnel, lorsque cette décision porte sur les différentes questions relatives à la responsabilité pénale des gouvernants.

264. Il faut donc exclure du sujet la question des décisions du Conseil qui peuvent certes porter sur le régime de responsabilité pénale des gouvernants, spécialement des parlementaires, mais qui interviennent après une décision pénale rendue par le juge ordinaire. On veut parler ici des décisions du Conseil constitutionnel constatant la déchéance de parlementaires du fait de leur inéligibilité en conséquence d'une condamnation pénale[1].

265. Il faut également exclure du sujet les décisions du Conseil constitutionnel portant sur une question de droit pénal ou de procédure pénale, à l'occasion de l'examen d'un texte de loi relatif à ces matières. Ces décisions ne concernent pas la responsabilité pénale des gouvernants et lorsque ces gouvernants peuvent se trouver concernés par des principes issus de la

---

[1] Ordonnance du n° 58-998 du 24 oct. 1958 portant loi organique relative aux conditions d'éligibilité et aux incompatibilités parlementaires, article 8 (aujourd'hui article L.O. 136 du code électoral) :
« Sera déchu de plein droit de la qualité de membre de l'Assemblée nationale ou du Sénat celui dont l'inéligibilité se révélera après la proclamation de l'élection et l'expiration du délai pendant lequel elle peut être contestée ou qui, pendant la durée de son mandat, se trouvera dans l'un des cas d'inéligibilité prévus par la présente loi.
La déchéance est constatée par le Conseil constitutionnel, à la requête du bureau de l'assemblée intéressée ou du Garde des Sceaux, ministre de la Justice ou, en outre, en cas de condamnation postérieure à l'élection, du Ministère public près la juridiction qui a prononcé la condamnation. »

jurisprudence du Conseil constitutionnel, ils ne le sont pas en leur qualité de gouvernants mais parce qu'ils sont soumis au droit commun pénal.

266. Enfin, il faut exclure de notre propos, au moins comme référence directe, les dispositions constitutionnelles en tant qu'elles pourraient servir de source à des décisions pénales de droit commun.

267. Il faut donc centrer le discours sur les seules décisions du Conseil constitutionnel qui concernent la responsabilité pénale des gouvernants et sur les suites de ces décisions.

A cet égard, c'est évidemment la décision n° 98-408 DC du 22 janvier 1999 relative au traité portant statut de la Cour pénale internationale[2] qui doit retenir l'attention, car les autres rares décisions qui concernent les gouvernants n'ont qu'une incidence relative sur leur responsabilité pénale en tant que telle mais portent plus sur le respect du principe constitutionnel d'égalité et son application à différentes situations des parlementaires au regard des principes du droit pénal[3].

---

[2] CC n° 98-408 DC, 22 janv. 1999, *Traité portant statut de la Cour pénale internationale*, *JO*, 24 janv. 1999, p. 1317 et s. ; *AJDA*, 1999, p. 230, chron. J.-E. Schoettl; *D.* 1999, J. p. 285, note Ph. Chrestia ; *D.* 1999, dernière actualité, p. 1, « L'immunité n'est pas l'impunité ! », B. Mathieu et M. Verpeaux ; *RFDA*, 1999, p. 285, note B. Genevois et *id.*, observations complémentaires, *RFDA*, 1999, p. 717 ; *RFDA*, 1999, p. 715, obs. P. Avril ; *RD publ.*, 1999, p. 457, note F. Luchaire ; *RD publ.*, 1999, p. 388, obs. J. Robert ; *LPA*, n° 132, 5 juill. 1999, p. 4, note P. Esplugas ; *LPA*, n° 187, 20 sept. 1999, p. 8, obs. L. Baghestani-Perrey, B. Mathieu, M. Verpeaux ; *RFDC*, n° 38, 1999, notes S. Sciortino-Bayart, L. Favoreu, M. Troper.

[3] A l'exception de la décision n° 89-271 DC du 11 janv. 1990, *Loi relative à la limitation des dépenses électorales et à la clarification du financement des activités politiques*, *Rec.* 21 ; *LPA*, n° 23, 21 févr. 1990, p. 20, note J.-P. Chaumont ; *Pouvoirs*, n° 54, 1990, p. 185, obs. P. Avril et J. Gicquel ; *Rev. adm.*, 1990, p. 320, note M.-L. Pavia ; *RFDC*, n° 2, 1990, p. 332, note A. Roux. La décision n° 89-271 DC précise le champ de l'amnistie accordée par le texte de loi pour toutes les infractions commises avant le 15 juin 1989 en relation avec le financement direct ou indirect des campagnes électorales de partis et groupements politiques, sauf en cas d'enrichissement personnel de leurs auteurs. Si le but « d'apaisement politique et social » recherché par le législateur dans la loi d'amnistie justifie sa compétence, la définition du champ d'application de l'amnistie peut prendre en considération des différentes catégories de personnes « dès lors que les catégories sont définies de manière objective » (§ 21). Mais le Conseil considère que « toutefois, la mise en œuvre de ces critères ne saurait conduire à exclure les parlementaires nationaux du bénéfice de l'amnistie qu'autant qu'ils avaient cette qualité à la date du 15 juin 1989 et se trouvaient par là même appelés à exercer les pouvoirs conférés au Parlement en matière d'amnistie par l'article 34 de la Constitution ; qu'en revanche, en retenant également la qualité des intéressés à la date des faits délictueux, alors qu'ils auraient cessé d'être parlementaires au 15 juin 1989, le législateur a introduit une discrimination entre les auteurs d'agissements identiques au regard de l'amnistie, qui ne trouve aucun fondement dans l'objectif d'apaisement politique et social poursuivi par la loi » (§ 23) et conclut à l'inconstitutionnalité de cette partie d'article de loi. La conséquence de la décision du Conseil a été évidemment d'élargir le champ de l'amnistie applicable aux parlementaires aux anciens parlementaires ce qu'on ne peut pas vraiment considérer comme contribuant au but « d'apaisement politique » voulu par le législateur !

La décision n° 89-262 DC du 7 nov. 1989, *Loi relative à l'immunité parlementaire*, (*Rec.* 90), concerne le domaine de l'irresponsabilité pénale des parlementaires. A la suite d'une décision de justice par laquelle le juge judiciaire s'était reconnu compétent pour statuer sur une action en diffamation contre un parlementaire en mission (selon la possibilité ouverte par l'article L.O. 144 du code électoral) ayant rédigé un rapport destiné au gouvernement (CA Paris, 11 mars 1987, *LPA*, 15 déc. 1989, note C. Bigaut, affaire concernant le rapport Vivien sur les phénomènes sectaires), le gouvernement avait présenté au Parlement un projet de loi créant une immunité pour les rapports

268. En ce qui concerne la décision du 22 janvier 1999, on tentera de laisser de côté les interprétations critiques de caractère non juridique selon lesquelles la décision du Conseil constitutionnel serait le fruit d'un marchandage entre le Président de la République et le président du Conseil constitutionnel, marchandage relatif à leurs situations personnelles dans des procédures judiciaires en cours. M. Michel Troper a déjà bien expliqué pourquoi on ne pouvait tirer aucune conclusion juridique de telles assertions[4]. Je le rejoins en tous points.

269. On veut ici insister sur trois types d'effets qui résulte de la décision du Conseil constitutionnel, sans prétendre d'ailleurs à l'exhaustivité en ce qui concerne tous les effets de cette décision. Le premier effet concerne le juge ordinaire français, qui a très rapidement pris en considération la décision du Conseil constitutionnel (I). Le deuxième effet a logiquement concerné le Constituant, celui-ci devant tirer les conséquences de la décision du Conseil dans le domaine de la responsabilité des gouvernants (II). Le troisième effet porte plus généralement sur la reconnaissance de la juridiction de la Cour pénale internationale (III).

I. – L'EXÉCUTION PAR LE JUGE ORDINAIRE FRANÇAIS

270. La décision du Conseil constitutionnel n° 98-408 DC du 22 janvier 1999 est riche en contenu, en particulier sur les rapports entre les dispositions d'un

établis par les parlementaires en mission. Le Conseil constitutionnel, saisi du texte de loi, estime que le parlementaire en mission à la demande du gouvernement n'agit pas « dans l'exercice de ses fonctions au sens du premier alinéa de l'article 26 de la Constitution » (§ 5). Ainsi « la loi déférée institue un régime d'irresponsabilité distinct de celui défini par la Constitution » (§ 6). Rappelant les termes de l'article 6 de la Déclaration de 1789, le Conseil énonce que si « le principe d'égalité devant la loi pénale ne fait pas obstacle à ce qu'une différenciation soit opérée par le législateur entre agissements de nature différente,... toutefois, pour des infractions identiques la loi pénale ne saurait, dans l'édiction des crimes ou des délits ainsi que des peines qui leur sont applicables, instituer au profit de quiconque une exonération de responsabilité à caractère absolu, sans par là même porter atteinte au principe d'égalité » (§ 9). Ainsi « en exonérant de façon absolue de toute responsabilité pénale et civile un parlementaire pour des actes distincts de ceux accomplis par lui dans l'exercice de ses fonctions, la loi méconnaît le principe constitutionnel d'égalité et est par suite contraire à la Constitution » (§ 10).

On peut enfin citer la décision n° 62-18 DC du 10 juill. 1962, *Règlement de l'Assemblée nationale,* (*Rec.* 17), rendue à propos d'une résolution de l'Assemblée nationale modifiant son Règlement en matière de demande de levée d'immunité parlementaire (ancien art. 80 RAN) afin que l'Assemblée fasse porter son examen non sur la demande elle-même mais sur les conclusions de la commission *ad hoc* formulées en une proposition de résolution et limitées aux seuls faits visés par la demande. Le Conseil estime que cette modification du Règlement est conforme à la Constitution « dans la mesure où elle permet de se prononcer sur le caractère sérieux, loyal et sincère de la demande de levée d'immunité parlementaire qui lui est présentée, au regard des faits sur lesquels cette demande est fondée et à l'exclusion de tout autre objet ».

[4] M. Troper, *Le Monde,* 13 févr. 1999, repris *in RFDC,* n° 38, 1999, p. 325.

traité international portant sur des droits fondamentaux et l'ordre constitutionnel français. Elle se situe d'ailleurs dans le prolongement de décisions antérieures[5].

Il ne faut s'attacher ici qu'à la partie de décision portant sur la responsabilité pénale des gouvernants, c'est-à-dire les considérants 15 à 17.

271. Après avoir rappelé les termes de l'article 27 du Statut de la Cour pénale internationale, le Conseil constitutionnel en tire la conclusion que cette disposition du Statut est contraire aux régimes particuliers de responsabilité institués par les articles 26 (parlementaires), 68 (Président de la République) et 68-1 (membres du gouvernement) de la Constitution[6].

272. De nombreuses interprétations ont été données de cette décision, avec parfois un degré de polémique rarement atteint, dans la presse en particulier[7].

On ne s'attachera qu'aux interprétations relatives à l'exécution par le juge ordinaire de la décision du Conseil constitutionnel. Elles vont dans deux directions opposées.

273. La première interprétation consiste à dire que le juge ordinaire n'est aucunement tenu par la décision du Conseil constitutionnel du 22 janvier 1999 et donc par l'interprétation qu'elle donne en particulier de l'article 68 de la Constitution relatif à la responsabilité pénale du Président de la République[8]. En conséquence, la décision du Conseil, comme l'article 68, n'établissent aucun privilège de juridiction ni aucune immunité de fond pour les actes accomplis par le Président de la République en dehors de ses fonctions. De plus, la phrase de la décision du Conseil commençant par « ... *au surplus...* » ne serait qu'un *obiter dictum* non revêtu de l'autorité de chose jugée et donc non susceptible de s'imposer aux juridictions ordinaires en vertu de l'article 62 de la Constitution.

274. Une autre interprétation, qui est celle du Doyen Louis Favoreu[9] et à laquelle on serait bien tenté de se rallier, est que le juge ordinaire est absolument tenu par les termes et le sens de la décision du Conseil constitutionnel, en vertu d'une autre règle constitutionnelle qui est l'article 62 de la Constitution. Cet

---

[5] CC n° 92-308 DC, 9 avr. 1992, *Maastricht I* ; n° 97-394 DC, 31 déc. 1997 *Traité d'Amsterdam*, par exemple.

[6] CC n° 98-408 DC, § 16 et 17 : « Considérant qu'il résulte de l'article 68 de la Constitution que le Président de la République, pour les actes accomplis dans l'exercice de ses fonctions et hors le cas de haute trahison, bénéficie d'une immunité ; qu'au surplus, pendant la durée de ses fonctions, sa responsabilité pénale ne peut être mise en cause que devant la Haute Cour de justice, selon les modalités fixées par le même article ; qu'en vertu de l'article 68-1 de la Constitution, les membres du gouvernement ne peuvent être jugés pour les crimes et délits commis dans l'exercice de leurs fonctions que par la Cour de justice de la République ; qu'enfin, les membres du Parlement, en vertu du premier alinéa de l'article 26 de la Constitution, bénéficient d'une immunité à raison des opinions ou votes émis dans l'exercice de leurs fonctions, et, en application du deuxième alinéa du même article, ne peuvent faire l'objet, en matière criminelle ou correctionnelle, hors les cas de flagrance ou de condamnation définitive, d'une arrestation ou de toute autre mesure privative ou restrictive de liberté qu'avec l'autorisation du bureau de l'assemblée dont ils font partie ;
Considérant qu'il suit de là que l'article 27 du statut est contraire aux régimes particuliers de responsabilité institués par les articles 26, 68 et 68-1 de la Constitution ».

[7] On se reportera en particulier au quotidien *Le Monde* du 26 janv. 1999.

[8] C'est cette interprétation qui est développée en particulier par O. Duhamel, *Le Monde*, 26 janv. 1999 et D. Rousseau, *La Croix*, 26 janv. 1999.

[9] *Le Figaro*, 26 janv. 1999.

article, on le sait, dispose que « les décisions du Conseil constitutionnel s'imposent aux pouvoirs publics et à toutes les autorités administratives et juridictionnelles ». Cette disposition constitutionnelle devrait conduire tout juge ordinaire à considérer que le Président de la République ne peut être jugé que par la Haute Cour de justice et donc à décliner sa compétence, quels que soient les faits en cause, commis à l'occasion ou en dehors des fonctions, mais pendant le temps d'exercice des fonctions du Président de la République.

275. Quant à la prise en considération pratique de la décision du Conseil constitutionnel par le juge ordinaire, l'affaire dite des emplois fictifs de la Ville de Paris, mettant en cause Alain Juppé et conduisant à une demande d'audition comme témoin de l'actuel Président de la République en raison de ses fonctions antérieures de Maire de Paris, est particulièrement révélatrice des divergences de point de vue des magistrats judiciaires en matière d'application des décisions du Conseil constitutionnel.

276. Chacun a retenu le sens de la décision du juge d'instruction Patrick Desmure rendant une ordonnance d'incompétence à propos de la demande d'audition de Jacques Chirac, décision fondée tant sur la Constitution que sur la décision du Conseil constitutionnel. On va y revenir dans un instant.

277. Mais on n'a pas suffisamment porté attention au sens des réquisitions du procureur de la République de Nanterre qui est assez différent, même si les conclusions de celles-ci conduisent à la même solution d'incompétence du juge judiciaire.

278. Le procureur de la République Yves Bot, dans ses réquisitions, fait bien référence à la décision du Conseil constitutionnel. Mais c'est pour l'écarter, en définitive, en la neutralisant. Il considère qu'on ne peut tirer de conclusions claires de l'interprétation faite par le Conseil de l'article 68 de la Constitution au vu des querelles doctrinales qui ont suivi le prononcé de la décision.

279. Mais le procureur se place surtout sur le terrain plus général de l'interprétation même de l'article 68 de la Constitution, en recherchant les conséquences éventuelles de l'application des procédures de droit commun pour des faits commis en dehors des fonctions par le Président de la République. Pour le procureur de la République de Nanterre, la question est celle du respect du principe de la séparation des pouvoirs dès lors qu'on évoque la situation d'un chef de l'État soumis aux règles communes du droit pénal et de la procédure pénale.

280. Dans cette hypothèse, selon lui, on ne peut, en raison du principe de séparation des pouvoirs, appliquer un régime pénal de droit commun au Président de la République qui interférerait nécessairement sur l'exercice des fonctions présidentielles et pourrait conduire à gêner gravement la continuité de l'État, en instituant, sous une forme ou une autre (contrôle judiciaire, confrontations, perquisitions, saisie de pièces...), une forme de contrôle de l'autorité judiciaire sur le pouvoir exécutif.

281. La conclusion du procureur de la République est donc celle-ci : le principe de la séparation des pouvoirs ne peut être respecté qu'en donnant à l'article 68 le sens de l'instauration d'un véritable privilège de juridiction bénéficiant au Président de la République, réservant ainsi à la seule Haute Cour le jugement de celui-ci.

282. Deux observations complémentaires peuvent être apportées. D'une part, le recours à la Haute Cour n'est en définitive que le prolongement au plan pénal du contrôle du pouvoir législatif sur le pouvoir exécutif[10]. D'autre part, seules les assemblées parlementaires ont compétence pour apprécier l'opportunité des poursuites (v. M. Troper) et bien plus encore, pour apprécier si les faits reprochés au Président de la République sont bien constitutifs d'une « haute trahison » (v. *infra*), terme employé par l'article 68 de la Constitution.

283. L'ordonnance du juge d'instruction Patrick Desmure n'utilise pas le même raisonnement. Si elle se fonde bien sur le principe de séparation des pouvoirs, et la nécessaire continuité de l'État, faisant référence explicite à l'article 5 de la Constitution, la décision du juge d'instruction de Nanterre fait référence clairement à la décision du Conseil constitutionnel du 22 janvier 1999 et à l'article 62 de la Constitution, fondant ainsi sa décision d'incompétence sur la définition du privilège de juridiction et l'immunité conférés au Président de la République par la décision du Conseil en des termes d'une grande netteté[11].

Ainsi, la phrase « ... au surplus... » n'est pas un *obiter dictum* mais elle est au contraire nécessaire à la définition du privilège de juridiction bénéficiant au Président de la République.

---

[10] V. G. Vedel, *Droit constitutionnel*, 1949.

[11] Ordonnance du juge Desmure du 15 avr. 1999 : après avoir rejeté la demande d'audition en tant que témoin de M. Chirac comme contraire à l'article 105 du code de procédure pénale, et donc susceptible de porter atteinte aux droits de la défense, le juge Desmure se prononce ainsi :
« Sur notre compétence à poursuivre l'instruction ;
« Attendu qu'en application du principe fondamental de la séparation des pouvoirs et afin d'assurer la continuité des institutions, la Constitution a prévu, en ses articles 26 et 68-1, les règles procédurales applicables lorsque la responsabilité pénale d'un parlementaire ou d'un membre du gouvernement est susceptible d'être engagée ;
« Attendu, en ce qui concerne le Président de la République, élu au suffrage universel direct et chargé précisément par l'article 5 de la Constitution d'assurer le fonctionnement régulier des pouvoirs publics ainsi que la continuité de l'État, que l'article 68 de la Constitution dispose : « le Président de la République n'est responsable des actes commis dans l'exercice de ses fonctions qu'en cas de haute trahison. Il ne peut être mis en accusation que par les deux assemblées statuant par un vote identique au scrutin public et à la majorité absolue des membres les composant; il est jugé par la Haute Cour de justice. » ;
« Attendu que le Conseil constitutionnel, par une décision du 22 janvier 1999 a affirmé que, pendant la durée de ses fonctions, la responsabilité pénale du Président de la République ne peut être mise en cause que devant la Haute Cour de justice, selon les modalités fixées par l'article 68 précité ;
« Attendu qu'aux termes de l'article 62 de la Constitution les décisions du Conseil constitutionnel s'imposent aux pouvoirs publics et à toutes les autorités administratives et juridictionnelles ;
« Attendu en conséquence, et en considération des fonctions de Président de la République actuellement exercées par M. Jacques Chirac, qu'il convient de nous déclarer incompétent pour instruire sur les faits le concernant ;
« Par ces motifs
« Rejetons la demande d'audition de témoins présentée par M. Brossault, partie civile;
« Nous déclarons incompétent pour instruire sur les faits susceptibles d'être imputés à M. Jacques Chirac à titre personnel ».
V. le texte *in Le Monde*, 18-19 avr. 1999, reproduit partiellement dans la note de M. Favoreu sous la décision du Conseil constitutionnel du 22 janv. 1999, *RFDC*, n° 38, 1999, p. 324.

Il y a évidemment une grande logique dans cette décision, mais elle conduit à deux conséquences précises.

284. D'une part, ce type de décision d'incompétence du juge ordinaire renvoie logiquement à la compétence de la Haute Cour de justice, ce que d'ailleurs personne, je crois, ne conteste. Il revient alors à un dixième au moins des membres de l'Assemblée nationale ou du Sénat de présenter une proposition de résolution portant mise en accusation du Président de la République[12]. La question est donc de savoir si les assemblées parlementaires seront susceptibles de qualifier les faits reprochés au Président de la République de haute trahison (v. *infra*).

285. Or, on sait qu'il n'existe pas de définition juridique incontestable de la haute trahison. Plus exactement, les assemblées ont une entière liberté pour qualifier tel ou tel fait de haute trahison.

Évidemment aussi, sur le plan procédural et politique, les assemblées doivent réunir la majorité requise afin de mettre en accusation le chef de l'État.

286. D'autre part, malgré la position prise par les magistrats judiciaires dans l'affaire de la Ville de Paris, rien n'empêche un autre juge de considérer qu'il n'est pas tenu par la décision du Conseil constitutionnel du 22 janvier 1999 et donc par l'interprétation faite à cette occasion du champ d'application de l'article 68 de la Constitution. En d'autres termes, un juge pénal ou le ministère public peuvent très bien considérer que des faits commis par le Président de la République antérieurement à son entrée en fonction ou commis pendant l'exercice des fonctions mais étrangers à celles-ci peuvent être poursuivis, arguant ainsi d'une interprétation restrictive de l'article 68. C'est en ce sens que se prononce M. Luchaire[13], considérant d'ailleurs que la liberté des juges – ordinaire et Haute Cour de justice – est complète puisque aucune institution ne peut leur imposer l'interprétation de l'article 68 de la Constitution dégagée par le Conseil constitutionnel. Ainsi donc, l'obligation inscrite dans l'article 62 de la Constitution ne comporte pas de sanction en cas d'inexécution.

287. On peut se ranger à cette dernière opinion car on ne peut savoir à l'avance ce que décideraient ces différents juges. Il sera intéressant de savoir par exemple ce que la Chambre d'accusation de la Cour d'appel de Versailles décidera au mois de décembre prochain dans l'affaire des emplois fictifs de la Ville de Paris.

288. Mais on peut penser également que si la Haute Cour ou tout juge ordinaire, en particulier le juge pénal, statuaient en un sens différent, la Cour de cassation – qui a montré à de multiples reprises l'importance qu'elle attachait à la jurisprudence du Conseil constitutionnel – si elle était saisie, reprendrait une fois encore les principes énoncés par le Conseil constitutionnel dans sa décision du 22 janvier 1999 et rendrait une décision d'incompétence fondée sur l'article 62 de la Constitution.

---

[12] Art. 158 du Règlement de l'Assemblée nationale et art. 86 du Règlement du Sénat.

[13] Note sous la décision du Conseil constitutionnel du 22 janv. 1999, *RD publ.*, 1999, p. 457 et s., spéc. pp. 461-462.

II. – L'EXÉCUTION PAR LE CONSTITUANT

289. La décision du Conseil constitutionnel du 22 janvier 1999 concluant à la contrariété de l'article 27 du Statut de la Cour pénale internationale avec les articles 26, 68 et 68-1 de la Constitution est, selon le sens même de la procédure de l'article 54 de la Constitution, un véritable « appel au Constituant » auquel revenait alors la nécessité de modifier la Constitution pour la rendre compatible avec les dispositions du traité CPI.

290. La lecture des travaux préparatoires de ce qui allait devenir la loi constitutionnelle du 8 juillet 1999[14] laisse songeur quant à la prise en considération réelle du contenu de la décision du Conseil constitutionnel. Assemblée nationale et Sénat, puis Congrès du Parlement, soulignent à loisir les avancées dans le domaine des droits de l'homme résultant de la mise en place de la Cour pénale internationale. Si les aspects de compatibilité entre la procédure pénale française et celle de la CPI ainsi que les compétences des juridictions ordinaires sont évoqués avec une relative précision, ce qui concerne la mise en cause éventuelle du Président de la République, des ministres ou des parlementaires fait l'objet du simple constat d'inconstitutionnalité relevé par le Conseil constitutionnel sans en tirer aucunement les conséquences sur le plan du texte de révision constitutionnelle.

291. Il est frappant de remarquer que dans les deux rapports parlementaires, à l'Assemblée nationale et au Sénat, le choix rédactionnel fait par le gouvernement, qui conduit à un texte très général, est largement approuvé, le seul objectif énoncé et recherché étant d'ouvrir la voie à la ratification du traité[15].

Il faut bien reconnaître que les explications de rédaction du nouvel article 53-2 de la Constitution données par les travaux parlementaires sont non seulement sommaires mais particulièrement évasives.

292. Analysant, si l'on ose dire, les termes du projet de révision constitutionnelle, le rapport du Sénat, par exemple, indique à propos de l'expression « ... peut reconnaître... » que « le choix du verbe ('peut') vise à tenir compte du fait que le présent projet de loi constitutionnelle tend à rendre possible la ratification du traité et non à autoriser cette ratification. Une loi ordinaire devra autoriser la ratification du traité signé le 18 juillet 1998 après l'adoption définitive par le Congrès du Parlement du présent projet de loi constitutionnelle »[16], le rapport faisant ensuite référence à une rédaction proche qui avait été adoptée pour la révision constitutionnelle préalable à la ratification du traité d'Amsterdam, ce qu'on me permettra de ne pas considérer comme un exemple rédactionnel !

---

[14] Loi constitutionnelle n° 99-568 du 8 juill. 1999 insérant, au titre VI de la Constitution, un article 53-2 et relative à la Cour pénale internationale, *JO*, 9 juill. 1999, p. 10175 : « Art. 53-2. – La République peut reconnaître la juridiction de la Cour pénale internationale dans les conditions prévues par le traité signé le 18 juillet 1998. »

[15] Rapport A. Vidalies, AN, XIe Législature, n° 1501, p. 39 ; Rapport R. Badinter, Sénat, session ordinaire 1998-1999, n° 318, p. 31.

[16] Rapport R. Badinter, Sénat, session ordinaire 1998-1999, n° 318, p. 31.

293. S'attachant ensuite au terme « juridiction » employé par la révision constitutionnelle, le rapport du Sénat souligne les ambiguïtés d'un tel terme et conclut en énonçant que « en l'occurrence, le projet de loi constitutionnelle a pour objet de reconnaître la compétence et les prérogatives attribuées à la Cour pénale internationale par le statut. Quoi qu'il en soit, la rédaction proposée, si elle n'est pas la plus heureuse, permet de lever l'ensemble des obstacles constitutionnels à la ratification du traité, ce qui est l'essentiel ».

294. En d'autres termes, peu importe les contrariétés constitutionnelles soulevées par le Conseil constitutionnel. Ce qui importe est de permettre la ratification du traité de Rome de 1998.

Le rapport de l'Assemblée nationale est de même teneur[17].

295. On ne peut qu'être particulièrement choqué par une telle attitude du Parlement. Quel est le sens de la décision du Conseil constitutionnel, sinon de souligner, justement et précisément, le champ des incompatibilités entre la Constitution et le traité ? Le Constituant s'en tire en édictant une règle constitutionnelle potestative qui ne donne aucune indication même sur le sens que peut avoir la ratification, sur les réserves que pourrait émettre la France au regard des exigences constitutionnelles. La décision du Conseil constitutionnel est ici niée par la révision constitutionnelle, comme si on sacrifiait à la procédure de révision, en en respectant les formes et les procédures, pour ne lui donner aucun contenu réel, c'est-à-dire pour rendre la norme constitutionnelle transparente, pour passer l'obstacle de la Constitution en lui donnant une rédaction lisse et finalement vide de sens.

---

[17] « Il semble que la formule proposée [... peut reconnaître...], malgré son caractère général, ne couvre que les inconstitutionnalités soulevées par le Conseil constitutionnel dans sa décision du 22 janvier 1999.
En faisant référence au traité « signé le 18 juillet 1998 », l'article unique du projet de loi constitutionnelle paraît écarter une conformité *a priori* des futurs amendements qui pourraient y être apportés, y compris ceux qui sont d'ores et déjà prévus, comme la définition du crime d'agression. Toute modification du traité signé à Rome le 18 juillet 1998 nécessitera donc, le cas échéant, une nouvelle révision constitutionnelle.
L'utilisation d'une formule potestative, « La République peut reconnaître », de préférence à une formule impérative, « La République reconnaît », permet de respecter les dispositions de la Constitution concernant la procédure de ratification.
L'article 54 dispose en effet que, lorsqu'un engagement international comporte une clause contraire à la Constitution, l'autorisation de ratifier cet engagement ne peut intervenir qu'après révision de la Constitution ; il distingue donc bien la phase de révision constitutionnelle de celle qui autorise la ratification. Or la formule impérative méconnaît cette disposition, mélangeant révision constitutionnelle et autorisation de ratification.
L'article 52, quant à lui, confie au Président de la République une compétence exclusive en matière de ratification : si le Parlement autorise la ratification, seul le Président de la République peut ratifier. La formule potestative permet de respecter ce partage de compétences. »

III. – Les effets de la décision du Conseil constitutionnel sur la reconnaissance de la juridiction de la Cour pénale internationale

296. Les dispositions des articles 26, 68 et 68-1 de la Constitution, telles qu'interprétées par le Conseil constitutionnel, n'empêchent en rien de soumettre un parlementaire, un ministre ou le Président de la République à la juridiction de la CPI. C'est bien le sens de l'article 27 du Statut[18].

297. La révision constitutionnelle du 8 juillet 1999 renforce cette soumission à la juridiction de la CPI, par la reconnaissance même de cette juridiction par l'État français, nonobstant la rédaction du nouvel article 53-2 « ... peut reconnaître... », mais ne règle en rien la contradiction entre le Traité CPI et la Constitution. La révision a pour seul but de conférer une compétence à l'État français dans la négociation internationale de la ratification et à permettre aux différentes autorités françaises, législatives et exécutives de procéder à cette ratification dans le respect de la Constitution.

Seul le processus de ratification par la France devrait être en mesure de préciser ce qu'il faut entendre par « ... peut reconnaître ... ».

298. Mais on reste très insatisfait par le caractère largement formel de la révision constitutionnelle du 8 juillet 1999.

299. En tout état de cause, quelle relation doit-on faire entre le nouvel article 53-2 et les articles 26, 68 et 68-1 de la Constitution ? Il n'y a aucune raison, en droit interne, de faire prévaloir, dans l'ordre juridique français, l'article 53-2 sur les autres articles précités.

300. Mais sur le plan international, la France devrait tenir son engagement, à la suite de la signature du Traité CPI.

Du point de vue des relations entre la Constitution et cet engagement, la situation paraît assez inextricable, dès que l'on veut aller plus loin qu'une vague interprétation de l'article 53-2.

301. L'objectif recherché est donc de permettre la ratification du traité de Rome relatif à la Cour pénale internationale. Ce sera sans doute fait mais sans que la décision du Conseil constitutionnel soit prise en considération, c'est-à-dire sans que la question du régime juridique de la responsabilité pénale des gouvernants soit précisée.

302. Certes, dira-t-on, le projet de loi de ratification du traité relatif à la CPI pourra très bien intégrer les éléments de la décision du Conseil constitutionnel et

---

[18] Article 27 : « – Défaut de pertinence de la qualité officielle –
1. Le présent Statut s'applique à tous de manière égale, sans aucune distinction fondée sur la qualité officielle. En particulier, la qualité officielle de chef d'État ou de gouvernement, de membre d'un gouvernement ou d'un parlement, de représentant élu ou d'agent d'un État, n'exonère en aucun cas de la responsabilité pénale au regard du présent Statut, pas plus qu'elle ne constitue en tant que telle un motif de réduction de peine.
2. Les immunités ou règles de procédure spéciales qui peuvent s'attacher à la qualité officielle d'une personne, en vertu du droit interne ou du droit international, n'empêchent pas la Cour d'exercer sa compétence à l'égard de cette personne. »

indiquer les réserves de l'État français concernant la mise en cause de ses gouvernants, au regard des exigences de la Constitution française. On a toutefois l'impression, qu'on espère fausse, que cela ne sera pas fait, pour ne pas ouvrir la boîte de Pandore de la responsabilité du Président de la République.

303. Certes encore, la loi de ratification pourra être déférée au Conseil constitutionnel pour contrariété avec les dispositions des articles 26, 68 et 68-1 de la Constitution. Mais, que pourra faire alors le Conseil, sinon renvoyer à la clause générale de l'article 53-2 et conclure à une conformité *a minima* ?

304. Tout ceci n'est guère satisfaisant sur le plan du droit. On voit bien que les règles constitutionnelles relatives à la responsabilité des gouvernants comportent trop d'imprécisions, en particulier pour la responsabilité du Président de la République.

305. Il est aujourd'hui nécessaire de s'engager plus clairement dans deux directions. La première consiste à fixer des règles procédurales plus claires relatives à la mise en cause du Président de la République, permettant à ce privilège de juridiction qui le concerne de s'exercer selon des principes de procédure comportant toutes les garanties du procès équitable.

306. La deuxième direction n'est pas moins nécessaire. Elle consiste à définir avec précision la « haute trahison », permettant ainsi d'en délimiter autant que possible le champ mais surtout de savoir ce qu'elle n'est pas. On mesure bien qu'en allant dans ce sens, on contredit peut-être l'esprit qui fonde la Haute Cour de justice, c'est-à-dire celui du contrôle pénal, parlementaire et souverain exercé par les assemblées. Mais aujourd'hui le législateur sait se faire Constituant et fixer lui-même les limites du pouvoir législatif. Il saura le faire en définissant un acte dont l'imprécision de définition nuit à la démocratie.

307. Mais revenons à la décision du Conseil constitutionnel et à ses suites. La faible prise en considération de la décision du Conseil par le Constituant et sans doute par le législateur futur qui devra autoriser la ratification du traité CPI a, selon nous, une signification forte : c'est le retour d'un ordre international de type moniste par le biais du droit pénal, effaçant ainsi la Constitution nationale, ou plus exactement en la vidant de tout sens contraire à ce droit pénal international. L'effet de la décision du Conseil constitutionnel est nié, par une rédaction constitutionnelle « neutralisante » de la décision du Conseil. On ne peut que le regretter. La démocratie ne gagne pas à être fondée sur un droit incertain.

5

REMARQUES SUR LE TRAITEMENT PÉNAL DE LA MAL-ADMINISTRATION

Eric DESMONS
Professeur à l'Université de Caen

308. Les effets de la pénalisation de la vie publique ne se cantonnent pas aux domaines les plus médiatisés de la vie politique nationale. Dans un État décentralisé et déconcentré, l'onde de choc s'est étendue aussi aux fonctionnaires et aux élus locaux. A tel point que la formule lancée en 1952 par le professeur Liet-Veaux dénonçant à propos du « délit de service » commis par les agents publics l'existence d'une « caste des intouchables »[1] ne parait plus de mise. On doit en effet constater, presque cinquante ans plus tard, que cette caste ressemble plutôt à un troupeau de boucs émissaires... Du système de la garantie administrative prévue par la constitution de l'An VIII aux privilèges de juridiction ou de procédure, il ne reste rien... Voilà qui peut flatter la passion, bien française, de l'égalité, ainsi qu'une vision assez particulière de l'État de droit que seul réaliserait le droit pénal (nul n'est responsable que de son propre fait, quel que soit son statut).

309. Mais le mouvement ne s'est pas arrêté là. Descendus de leur piédestal, considérés comme de simples particuliers[2], les décideurs publics sont cloués au pilori. Ce qui est soupçonné de dévoiement dans nos sociétés pénétrées d'une certaine vulgate libérale, ce n'est pas le pouvoir économique, mais bien le pouvoir administratif et politique toujours suspect de jouir de privilèges indus. La pénalisation de la vie publique peut alors être comprise comme la revanche d'une société civile stigmatisant le service public, donc l'État. Une société civile où rayonne la figure héroïque d'un « juge justicier » assisté au besoin, comme maître de cérémonie d'une justice spectacle, de la presse[3].

---

[1] G. Liet-Veaux, « La caste des intouchables ou la théorie du délit de service », *D.* 1952, p. 133.

[2] V. sur ce point la présente contribution d'O. Beaud.

[3] Comme le remarque O. Beaud, la confiance est donnée aux deux seules institutions irresponsables de fait et qui revendiquent « le pouvoir de contrôler les autres sans être soi-même contrôlé », en prétendant représenter le peuple ou l'opinion publique (*Le sang contaminé*, PUF, 1999, pp. 144-145). A cette légitimité « démocratique » s'ajoute la très forte signification politique – toujours démocratique – donnée à l'indépendance de la magistrature et à la liberté de la presse.

310. Le droit pénal se fait l'écho d'une telle hostilité. Ainsi, le code considère le fait d'être détenteur de l'autorité publique ou d'être en charge d'un service public comme une circonstance aggravante. Il est en conséquence prévu des obligations s'imposant à tous les détenteurs de l'autorité publique ou à tous ceux qui ont en charge un service public (prévention des abus d'autorité ou des manquements aux devoirs de probité...), et des obligations s'imposant à tous mais dont la méconnaissance est sanctionnée plus sévèrement si les coupables sont des « agents publics » (violences contre les personnes, atteintes à l'intégrité physique ou psychique...)[4].

311. Ce renforcement du régime de la responsabilité pénale est certes porté par de louables intentions, ne serait-ce que parce qu'il trace les contours d'une déontologie de la fonction publique mise à mal par ce que l'on nomme pudiquement « les affaires ». Il n'est bien entendu pas choquant – et surtout souhaitable – que la répression pénale vise la « criminalité gouvernante » (O. Beaud) et sanctionne les manquements au devoir de probité ou les atteintes volontaires aux personnes, aux biens, ou à la confiance publique. Mais comme l'a remarqué le Conseil d'État, il en va autrement pour les infractions non-intentionnelles liées à des imprudences ou négligences commises dans l'exercice des fonctions[5], et qui pénalisent la mal-administration ou les dysfonctionnements divers, sur lesquels les agents publics et les élus n'ont pas toujours prise. Si le principe d'égalité suppose une égalité de traitement dans des situations comparables, fallait-il alors en déduire au pénal une forme de discrimination négative, alors que des contraintes spécifiques pèsent sur les décideurs publics et qu'elles sont le facteur d'un risque pénal aggravé ?

312. La pénalisation de la vie publique apparaît alors comme portée par une volonté de répression que n'assure plus le droit administratif[6], et est de fait ressenti comme un risque par les décideurs publics[7].

I. – La volonté d'une répression exemplaire que n'assure plus le droit administratif

313. Signe des temps, les agents publics comme les élus n'en finissent pas d'éprouver les conséquences d'une société civile devenue contentieuse et attachée au caractère vindicatif de faction pénale. L'objectif est d'ailleurs

---

[4] Par ex. art. 222-1 à 222-3; 222-7 à 222-15...

[5] *Conseil d'État, La responsabilité pénale des agents publics en cas d'infractions non-intentionnelles*, La Documentation française, 1996, p. 17 et s.

[6] Quant aux suites d'une condamnation, elles peuvent se traduire, si le tribunal le précise, par la perte des droits civiques, qui ne résulte plus – sauf exceptions – de plein droit depuis 1992 d'une condamnation pénale (art. 1.32-17 du code pénal ; pour une application problématique la radiation des listes électorales entraîne-t-elle l'inéligibilité ?, « Le nouveau député du Var est-il inéligible ? », v. *Le Monde*, 21 août 1999).

[7] La responsabilité politique – et même administrative – est en effet une « épreuve permanente de légitimité » ; l'exercice d'un pouvoir n'est légitime que lorsque son titulaire en rend compte (D. Baranger, *Parlementarisme des origines*, PUF, 1999, p. 24).

toujours atteint : chaque mise en examen – que pourrait d'ailleurs utilement remplacer la procédure de témoin assisté –, indépendamment de ses suites, est vécue comme un pré-jugement et une flétrissure, souvent politiquement fatale pour un élu[8]. Cette pénalisation croissante de l'action administrative peut trouver une explication juridique outre le bénéfice pratique que les victimes ont à tirer de la procédure pénale, ce sont plus certainement les vicissitudes de la responsabilité administrative qui ont nourri le sentiment d'une irresponsabilité généralisée des fonctionnaires ou des élus, contribuant à mettre en cause leur légitimité[9] : le droit pénal, qui individualise les sanctions, était alors tout désigné pour redonner du sens à une responsabilité personnelle qui a déserté l'administration, au profit d'une responsabilité collective du service, par définition anonyme.

314. Si, comme l'explique Olivier Beaud, la répression pénale est considérée comme un substitut à une responsabilité politique défaillante[10], la pénalisation de l'action administrative – qui n'est qu'un volet d'un phénomène plus vaste de pénalisation de la vie publique – ne peut se comprendre qu'en constatant que le droit administratif a réalisé, concernant les agents publics, ce que le droit public de la Ve République a prévu pour les gouvernants[11] : une quasi-irresponsabilité pour ce que l'on pourrait qualifier au mieux, pour les uns, de mal-administration, et pour les autres de mauvaise gestion politique. Tout comme l'excessive rationalisation du parlementarisme a réduit à néant la potentialité d'une responsabilité politique réelle des ministres devant le Parlement, les agents publics ont bénéficié, sur le plan de la responsabilité, d'une évolution protectrice de la jurisprudence administrative concernant les conséquences dommageables d'attitudes, qui sans être délibérément nuisibles, sont empreintes de légèreté. Portée par une logique de l'indemnisation des victimes et de solidarité envers les agents, la quasi-disparition de la faute personnelle permise grâce à l'hégémonie de la faute de service ou aux effets de la faute personnelle non dépourvue de tout lien avec le service, la relative inutilisation de la technique des actions récursoires, ont certainement fait le lit d'une culture d'irresponsabilité ou d'impunité[12]. L'arrêt *Mimeur* de 1949[13], qui admet le cumul des responsabilités si la faute personnelle n'est pas dépourvue de tout lien avec le service est censé être compensé par l'action récursoire prévue par l'arrêt *Laruelle et Melville* de 1951[14]. Mais l'on connaît les limites de cette tentative de responsabilisation des

---

[8] *Le sang contaminé, op. cit.*

[9] O. Beaud, J.-M. Blanquer, *La responsabilité des gouvernants,* Descartes et Cie, 1999, p. 7 et s.

[10] M. Guillaume-Hoflung, « La faute personnelle du fonctionnaire : l'extinction d'une centenaire ? », *Droits*, n° 5, 1987, p. 97.

[11] CE 18 nov. 1949, *Rec.* p. 492.

[12] CE 28 juill. 1951, *Rec.* p. 464.

[13] M. Becet, « L'échec du système actuel de la responsabilité pécuniaire des agents publics à l'égard de l'administration », *Mélanges Stassinopoulos*, 1974, p. 165.

[14] On ne saurait exclure l'hypothèse selon laquelle la jurisprudence issue des arrêts *Lebon* (CE 9 juill. 1978, *Rec.* p. 245) ou *Hardouin et Marie* (CE 17 févr. 1995, *Rec.* p. 82, 85) ait à terme présenté le risque « d'affaiblir la discipline nécessaire » à l'administration (M. Long, P. Veil, G. Braibant, P. Delvolvé, B. Genevois, Les *grands arrêts de la jurisprudence administrative*, 11e éd., Dalloz, 1996, p. 787), ou ait fait naître le sentiment d'une « érosion » de la répression disciplinaire due à un contrôle serré de son exercice. Il n'est pas certain qu'un adoucissement du régime disciplinaire –

agents publics et l'oubli dans lequel est tombée cette procédure[15]...

315. Enfin, il n'est pas interdit de penser – à titre de simple hypothèse que pourrait vérifier la science administrative – que le contrôle opéré par le juge administratif sur les sanctions disciplinaires ait pu modifier les mœurs et l'esprit dans lequel s'exerce la répression disciplinaire. En effet, les titulaires du pouvoir disciplinaire ont pu estimer que leur marge de manœuvre était, d'un certain point de vue, bridée par l'évolution du contrôle juridictionnel sur les sanctions et qu'il convenait désormais de manier avec plus de mesure l'outil disciplinaire[16]... Il est donc aisé de conclure à un déficit global de responsabilité personnelle des agents publics. Or, c'est ce vide que tente aujourd'hui d'investir, avec une redoutable efficacité, le droit pénal. Les victimes semblent avoir tout intérêt à privilégier la voie pénale : l'action pénale, pour cause de procédure inquisitoire, est efficace tant en matière de recherche des preuves que de résultats spectaculaires ; et puisque la faute pénale n'est en principe pas transférable – nul n'est responsable que de son propre fait –, son auteur ne peut que très difficilement se tourner vers un tiers afin d'échapper aux poursuites[17]. Pas plus qu'il ne pourra considérer la responsabilité des personnes morales autres que l'État comme un écran

---

pouvant faire le lit d'une déresponsabilisation – soit souhaitable : la répression disciplinaire peut être tout aussi efficace que la répression pénale (Duguit ne considère-t-il pas que le droit disciplinaire est le droit pénal du service public ?, *Les transformations du droit public,* A. Colin, 1913, p. 115 et s.), mais surtout beaucoup moins traumatisante que cette dernière pour ceux qui y sont soumis, car moins médiatique et certainement plus adaptée.

[15] E. Desmons, *La responsabilité pénale des agents publics*, PUF, 1998, p. 57 et s. Le droit disciplinaire renforce, malgré les apparences, l'obligation d'obéissance hiérarchique, jusqu'à pouvoir exiger d'un agent qu'il commette une infraction pénale. L'art. 28 du statut général de la fonction publique dispose que « tout fonctionnaire (...) doit se conformer aux instructions de son supérieur hiérarchique, sauf si l'ordre donné est manifestement illégal et de nature à compromettre gravement un intérêt public ». Mais pour le Conseil d'État ces deux conditions sont découplées, et une illégalité manifeste (dont l'infraction pénale peut être considérée comme en étant l'archétype) ne porte pas nécessairement une atteinte grave à un intérêt public (CE 1er janv. 1964, *Charlet*, *Rec.* p. 1). Du point de vue de l'administration, l'impératif de la continuité du service ou de l'intérêt général, dont le supérieur hiérarchique est seul juge, peut même exiger de négliger le respect strict de la loi pénale (v. les concl. sous TC 10 déc. 1956, *Randon*, *Rec.* p. 592). Au regard du droit disciplinaire, un agent pourrait être tenu d'exécuter un ordre manifestement illégal sous peine de sanction disciplinaire (parce que les conditions de la désobéissance relative à l'intérêt public ne sont pas réunies), en se privant ainsi de l'excuse de l'ordre reçu sur le plan pénal. Le droit de résistance à la loi ouvert aux supérieurs hiérarchiques au nom de l'intérêt général se retourne ainsi contre les exécutants. L'harmonie du droit pénal et du droit disciplinaire n'est donc pas pleinement réalisée et le devoir de désobéissance de l'article 28 du statut ne fait pas écho à l'article 122-4 du code pénal excluant la responsabilité de l'exécutant sauf en cas d'ordre manifestement illégal – simplement parce qu'il n'est pas ordonné à la prévention des infractions, mais à la réalisation de l'intérêt général qui peut passer, pour reprendre une formule de Léon Blum, par « une vacance de la légalité » pénale.

[16] C'est au moins ce qui ressort de l'affaire du sang contaminé, dans laquelle la responsabilité politique est absorbée par la responsabilité criminelle, contribuant à politiser cette dernière. Revenir à une responsabilité pénale pour sanctionner une activité politique est aussi un retour à la préhistoire du régime parlementaire...

[17] Il faut néanmoins noter que certains délits qualifiés d'intentionnels par le code sont source de mises en cause pénale alors que les contrevenants ignorent le plus souvent qu'ils commettent une infraction : c'est le cas notamment pour les délits de favoritisme ou de prise illégale d'intérêt, érigés en délits objectifs, qui sont invoqués de manière fréquente en matière de marchés publics, alors que les contrevenants au code des marchés n'ont pas recherché de profit personnel, ou ont méconnu de bonne foi certaine dispositions légales.

protecteur (même si cette responsabilité vise par ailleurs l'hypothèse de comportements qui ne sont pas individualisables). La faute que le droit administratif dilue dans la chaîne hiérarchique sera toujours repérée par le juge pénal, au nom de son prétendu réalisme : un visage sera toujours mis sur les coupables.

316. Sans bien entendu faire un plaidoyer pour un retour à la garantie administrative du type de celle prévue à l'article 75 de la Constitution de l'An VIII, on peut convenir que cette évolution de la responsabilité des décideurs publics appelle des réserves. Car le système du tout pénal n'est pas sans risque ; il contient en son sein les souches d'une régression politique, pour ne pas dire culturelle. La répression pénale touche en effet le « corps » – le *corpus naturale* auraient dit les légistes médiévaux – plus que la fonction, mettant ainsi en œuvre une responsabilité qui n'est pas désincarnée ; ce faisant, elle atteint ce qui est au cœur du droit public moderne – i.e. l'institutionnalisation[18] – sans mesurer les enjeux d'un tel glissement...

II. – L'ADMINISTRATION COMME ACTIVITÉ À RISQUE PÉNAL

317. Si administrer – avec les aléas qui peuvent révéler l'administrateur sujet à l'erreur – semble être devenu une activité à fort risque pénal, ce n'est pas au regard de la répression accrue de la « criminalité administrative » intentionnelle, qui n'appelle sur le fond, on ne cessera d'y insister, aucun commentaire[19].Mais en érigeant en délits des comportements non intentionnels comme autant d'exceptions légales au principe posé par l'article 121-3 – selon lequel les crimes ou les délits sont toujours des infractions intentionnelles – le code pénal a ajouté à la notion de faute punissable celle de fait pénalement répréhensible. Potentiellement, un risque pénal lié à la gestion administrative est en train de croître, même si les mises en examen sont de loin plus nombreuses que les condamnations. En cela, il crée un sentiment d'insécurité juridique, qui ne recoupe certes pas toujours le risque réel[20].

318. Sans même mentionner la pénalisation de la législation sur l'environnement ou sur l'urbanisme – car il semble que pour qu'une réglementation soit prise au sérieux il faille l'assortir d'un volet pénal –, les délits de blessures ou d'homicides involontaires causés par imprudence ou négligence (art. 221-6, 222-19, 222-20), de mise en danger délibérée (art. 223-1), de dégradations volontaires par explosion ou incendie résultant de la maladresse ou de l'imprudence (art. 322-5), tendent en fait à pénaliser des dysfonctionnements de l'administration qui peuvent entrer en compte dans la

[18] V. par ex. *Le courrier des maires et des élus locaux*, oct. 1999, p. 15 et s. ; *La Gazette des communes*, 11 oct. 1999, p. 8 et s.

[19] S. Petit, « La responsabilité pénale des agents publics », *Cahiers de la Fonction Publique*, 1998, p. 5.

[20] S. Petit, *op. cit.*, p. 6.

réalisation d'un dommage[21]. Le plus souvent les agents n'ont d'ailleurs pas toujours prise sur ces dysfonctionnements car ils sont soumis à au moins deux impératifs difficilement contournables : l'obéissance hiérarchique et/ ou la continuité du service public, principe à valeur constitutionnelle. Les infractions d'imprudence ou de négligence sanctionnent ainsi le mauvais usage que peuvent faire les agents publics de leurs compétences, leur manque de « sens d'opportunité administrative » ; dans un autre ordre, on dirait que le droit pénal vient sanctionner une « faute professionnelle ». C'est ainsi que l'on peut comprendre nombre de poursuites pénales déclenchées contre des élus locaux, suite à des accidents : le juge pénal leur reproche en réalité d'avoir fait un mauvais usage de leurs pouvoirs de police ou de contrôle, entrant dans la chaîne causale des éléments avant contribué à la réalisation du dommage (ne pas avoir pris un arrêté limitant la vitesse en agglomération, ne pas avoir fait fermer un établissement recevant du public, ne pas avoir fait détruire un édifice menaçant ruine...). De ce point de vue, on notera que le droit pénal vient créer une obligation d'exercer ses compétences, car c'est le plus souvent l'abstention qui est réprimée. Dans cette perspective, la répression de la mauvaise gestion administrative par le droit pénal, en lieu et place de la responsabilité civile ou disciplinaire, permet aussi de comprendre pourquoi les agents publics vivent comme une injustice le fait d'être traités comme des délinquants « intentionnels ».

319. L'administration et les élus ont réagi à ce nouveau risque pénal lié à la négligence et matérialisé par un certain nombre d'affaires (Cinq-Sept, Furiani, Mont Saint-Odile, Vaison-la-Romaine...)[22]. Trouvant son origine dans une proposition sénatoriale, la loi modificative de l'article 121-3 du code pénal, en date du 13 mai 1996, a atténué théoriquement le risque pénal, puisque la négligence ou l'imprudence semblent désormais devoir être appréciées *in concreto* – comme doit l'être tout délit – au regard des diligences effectives de l'agent poursuivi : il y a délit en cas « d'imprudence, de négligence ou de manquement à une obligation de prudence ou de sécurité prévue par la loi ou les règlements sauf si l'auteur des faits a accompli les diligences normales compte tenu, le cas échéant, de la nature de ses missions ou de ses fonctions, de ses compétences ainsi que du pouvoir et des moyens dont il disposait » (ce texte a été repris à l'art. 11 bis A du statut de la fonction publique). La seule commission des faits n'est donc en principe plus suffisante pour engager la responsabilité de l'agent incriminé : « la loi supprime la catégorie des délits matériels, à savoir les délits qui sont l'objet d'un simple constat d'un acte contraire à la loi ou au règlement en l'absence de toute faute d'imprudence ou de négligence »[23]. C'est à la partie civile ou au ministère public de prouver que les agents n'ont pas accompli les diligences normales compte tenu des missions, fonctions, compétences et moyens dont ils disposaient[24]. D'aucuns ont vu dans

---

[21] Ch. Bigaut, « La responsabilité pénale des fonctionnaires d'autorité », *Administration*, 1998, p. 62.
[22] Pour une application, Toulouse, 19 févr. 1997, *Gazette du Palais*, 27/28 juin 1997, p. 16.
[23] E. Breen, « Responsabilité pénale de l'administration », *AJDA*, 1996, p. 781.
[24] Crim. 24 juin 1997, *Bull. crim.* n° 251.

cette disposition un retour inacceptable de l'irresponsabilité pénale des agents[25]. Il convient certainement d'être plus mesuré. Il est en effet permis, au regard des enseignements de la jurisprudence, de se demander si le non-respect d'un texte (d'une obligation de sécurité, par exemple) n'est pas nécessairement constitutif d'une négligence ou d'une imprudence attestant l'absence de diligence normale.

320. Pour le dire autrement, le non-respect d'un texte ne porte-t-il pas en soi la preuve de l'absence de diligence normale ? C'est ce qui ressort de l'affaire de Furiani, où le directeur de cabinet du préfet s'est vu notamment reprocher par la Cour de cassation son ignorance des textes en matière de sécurité[26]. Dans l'affaire des thermes de Barbotan, le tribunal correctionnel n'a pas montré de réel enthousiasme pour apprécier *in concreto* le délit, sous prétexte que par défaut, cela l'aurait conduit à « définir ce que devrait être la fonction et la mission préfectorale », et qu'il outrepasserait ainsi, « séparation des pouvoirs » oblige, ses compétences[27]. La tendance semblerait donc au refus poli des juridictions répressives d'exercer un contrôle *in concreto,* ce qui maintiendrait de fait la logique propre aux délits matériels, celle d'une conception objective de la faute ayant pour conséquence une mise en cause automatique de la responsabilité pénale du seul fait de la violation d'une disposition légale ou réglementaire. La loi du 13 mai 1996 n'aurait donc pas été suivie d'effets et le rapport de l'administration au droit pénal rentre désormais institutionnellement dans le cadre de la gestion d'un risque, consacrée par la loi n° 96-1093 du 16 déc. 1996 qui rend obligatoire la prise en charge des frais de défense des agents mis en cause au pénal pour des faits ne possédant pas, sur le plan administratif, le caractère d'une faute personnelle. L'exercice d'une fonction administrative devenant une activité à risque pénal, il se pourrait qu'à terme on constate certaines paralysies du service public ou une disparition des vocations (ce qui semble être le cas pour les maires des petites communes rurales... d'où certaines vertus que d'aucuns pourraient reconnaître à l'intercommunalité...), ayant pour cause un avatar du « principe de précaution ». Trop de responsabilité tuerait l'initiative...

321. On pourrait souhaiter un retour raisonnable du balancier. Au regard de la spécificité des conditions de l'action des décideurs publics, il semblerait réaliste de leur réserver un sort particulier, ce qui ne signifie pas un sort de privilégié. C'est en tout cas en ce sens que réfléchissent divers commissions et groupes d'étude, à la lumière de l'inquiétude grandissante d'élus, faisant suite à des mises en examen intempestives pour des cas relevant de la mal-administration. C'est ainsi, par exemple, qu'un amendement a été voté au Sénat afin de rétablir au profit des élus locaux une forme de privilège de procédure (encore que ses promoteurs s'en défendent). Autre manière – certes politiquement peu habile mais qui a pour vertu d'ouvrir le débat – de rappeler que le droit de la responsabilité pénale-administrative n'est pas entièrement soluble dans un droit

---

[25] Pourtant, l'art. 111-5 du code de procédure pénale attribue compétence aux juridictions répressives pour interpréter les actes administratifs et en apprécier la légalité, quand en dépend la solution du procès pénal.
[26] *Le Monde*, 30 avr. 1999.
[27] *Le Monde*, 27/28 juin 1999.

pénal qui ignore actuellement beaucoup des réalités politico-administratives (que l'on songe au traitement pénal des délégations dans la fonction publique). Mais la rigueur du juge pénal n'est pas seule à devoir être incriminée : les députés comme les sénateurs ont, en 1994, répondu un peu rapidement – et sans grande prudence – à la demande sociale de pénalisation de la vie publique ; et ce n'est pas la moindre des incohérences de leur part que d'incriminer l'inflexibilité du juge pénal alors que ce sont eux qui ont introduit dans le code les dispositions dont aujourd'hui ils se plaignent...

6

L'AFFAIRE « BONNET »

Xavier CRETTIEZ
Professeur à l'Université de Versailles – Saint-Quentin-en-Yvelines

322. Pour essayer de comprendre cette affaire, politique, judiciaire et hautement médiatique, il semble nécessaire dans un premier temps d'en rappeler les faits, et la difficile chronologie. Derrière une description factuelle précise, nous souhaiterions faire émerger ce que nous pouvons appeler *la configuration des responsabilités*.

323. L'objectif de cette présentation est de clarifier le jeu des responsabilités, toujours diluées en politique du fait de la complexité croissante des processus décisionnels ; plus encore dilué lorsqu'il s'agit de la Corse. Il ne s'agit pas ici de désigner, sur le modèle d'un juge d'instruction, par ailleurs au travail en ce moment même, les responsables de cette affaire. Juste de préciser « l'état des lieux » qui rendra possible, je dirai même prévisible (il est facile de se faire oracle après la tempête !), l'issu aussi ridicule que dramatique pour l'État de droit de cette affaire des paillotes.

324. C'est enfin le paradoxe de cette affaire que je voudrais souligner, faisant de l'État un acteur de la clandestinité, sur le modèle de ceux qu'il a vocation de combattre.

I. – PRÉSENTATION DE L'AFFAIRE

325. L'affaire Bonnet, du nom du préfet de Corse nommé dans l'île le 11 février 1998, 5 jours après l'assassinat de Claude Erignac, n'émerge comme telle que suite à l'affaire de la paillote *chez Francis*, incendiée par quelques gendarmes, membres d'une unité spéciale : le GPS, aux ordres directs du préfet[1]. On distinguera donc rapidement, l'affaire de la paillote, « affaire de l'État », traduisant un dysfonctionnement grave des services régaliens sous l'action de quelques fonctionnaires, de l'affaire Bonnet, « affaire d'État », qui est celle de la mise en place, en Corse, d'une politique publique incontrôlée en dehors et

[1] GPS : Groupe de Pelotons de Sécurité Nationale, le 5 mai 1999.

parfois même en opposition aux règles de l'État de droit[2]. Si « l'affaire de l'État » engage directement la responsabilité pénale des protagonistes directs de l'incendie de la paillote (incendiaires et commanditaires), « l'affaire d'État » aurait dû, de façon plus claire qu'il n'a été, mettre en jeu la responsabilité politique du gouvernement de Lionel Jospin.

326. L'affaire Bonnet part de l'assassinat du préfet Claude Erignac qui est ressenti dans la France entière comme un choc national. Pour le gouvernement Jospin, c'est le plus grand affront que les clandestins du FLNC – immédiatement montrés du doigt – puissent faire à l'État. Ce dernier se prononce immédiatement de façon extrêmement ferme contre la violence et pour un « indispensable sursaut » en Corse[3]. Il s'agit, selon les termes mêmes du préfet Bonnet, de rétablir l'Etat de droit dans l'île en mettant fin à la « violence endémique », à la « dérive civique » d'une population suspecte de laxisme vis-à-vis de la légalité et à la « dérive politique » des élus locaux et d'une nouvelle classe montante qualifiée de « nationale-affairiste »[4].

327. Pour ce faire l'État entend mettre les moyens. Bernard Bonnet est présenté par le Premier ministre comme « l'homme qu'il faut là où il faut » ; comprendre « un vrai républicain sans complaisance avec le régionalisme (expérience occitane) apte à rétablir l'ordre républicain ». Le conseil des ministres élargit ses pouvoirs de police pour « disposer de moyens exceptionnels en cas de crise menaçant gravement l'ordre public ». Plus concrètement, il va utiliser dès les premiers mois de son installation, un arsenal légal jusqu'alors peu usité : le *contrôle de légalité*, en particulier en ce qui concerne l'urbanisme et le respect du POS[5] ; *les missions d'inspection* que lui envoient ministères (concernant, en particulier, les modes de financement de la CADEC, caisse agricole) ; l'utilisation de *l'article 40* du code de procédure pénale qui oblige tout fonctionnaire ayant connaissance d'un crime ou d'un délit à le dénoncer au procureur de la République. L'utilisation pléthorique de ce dernier recours, entre 5 ou 6 fois par mois, inonde les parquets corses et met une forte pression sur les socio-professionnels de l'île. La colère des élus comme d'une partie de la population commence à croître face à un préfet sans concession, surnommé le « gouverneur » ou « vice-roi », rattrapant à la hussarde près de 20 ans de carence administrative dans l'île.

328. Mais du rétablissement de l'État de droit, on va passer progressivement à l'établissement d'un état d'exception. D'une saine rigueur administrative (dont il convient de mesurer l'apparence de brutalité au regard du laxisme passé), on évolue vers une logique policière, sur fond d'enquête autour de l'assassinat d'Erignac. Car la réussite de la nouvelle politique en Corse passe parallèlement

---

[2] Je reprends ici les termes du Premier ministre à l'Assemblée.

[3] Intitulé du rapport de la commission d'enquête parlementaire dirigée par Jean Glavany, rapport n° 1077.

[4] Termes utilisés par le préfet Bonnet lors de la présentation de son action à venir à Matignon, le 1er mars 1998. V. P. Irastorza, *Le guêpier corse*, Paris, Fayard, 1999, annexe 3, p. 229 et s.

[5] Plan d'occupation des sols. C'est ainsi que l'Assemblée territoriale de Corse est tenue de raboter son beffroi qui dépasse de 11,73 m la hauteur autorisée.

par la résolution de l'assassinat de l'ancien préfet, meurtre fondateur de la nouvelle politique corse, cause sacrée du ministère de l'Intérieur et de Matignon.

Or l'enquête Erignac est l'occasion de vives tensions entre les représentants de l'État dans l'île.

329. Tensions entre acteurs policiers tout d'abord. Traditionnellement, l'anti-terrorisme relève de la DNAT dirigée par le commissaire Roger Marion, ainsi que des Renseignements Généraux sous l'autorité de Yves Bertrand. En Corse, la Gendarmerie peut également avoir un rôle actif vu sa large occupation du territoire (97 % de l'île est « zone gendarmerie ») et sa bonne imbrication locale. Enfin, le SRPJ local, dirigé au moment de l'assassinat du préfet par Dimitrius Dragacci, suit quotidiennement l'évolution d'une violence poreuse, à la fois sociale et politique. A cette multiplicité d'acteurs policiers s'ajoute une concurrence au sein des services judiciaires spécialisés entre les juges Bruguière et Le Vert (saisis de l'affaire Erignac) et le juge Thiel, originellement saisi de l'affaire de Pietrosella[6]. On ajoutera une concurrence feutrée entre cabinets ministériels, celui de Matignon où se gère traditionnellement depuis « l'après-Joxe » le dossier Corse[7] et celui de l'Intérieur[8]. Sans parler des interférences présidentielles (Maurice Ulrich, conseiller de Jacques Chirac sur les problèmes de sécurité) ou des mythiques et fameux « réseaux Pasqua ».

330. C'est dans ce jeu de concurrence mutuelle entre services d'État, dont on verra qu'il ne sera nullement modéré par le pouvoir politique, que l'affaire Bonnet prend sa genèse. Une étude détaillée de cette configuration d'acteurs, de leurs interactions réciproques serait nécessaire pour comprendre l'affaire. Celle-ci s'avère difficile à établir compte tenu de l'opacité des faits et de la rareté des informations disponibles. Tentons cependant, au risque de rentrer dans le détail, de cerner le jeu des responsabilités, né du déroulement de l'enquête.

331. Le jeu de force latent aboutit, dès avril 1998, à l'éviction du juge Thiel et de la gendarmerie (enquêtant sur l'affaire de Pietrosella). A l'heure où est rediscutée la répartition nationale des forces de sécurité de l'État, les conflits sont nombreux entre police et gendarmerie. En ce qui concerne l'anti-terrorisme, les liens établis sur les dossiers basques et islamistes entre le « pool » judiciaire, sous l'autorité du juge Bruguière, et la 6e section de la DCPJ dirigée par Roger Marion, assurent à cette dernière l'exclusivité des recherches. Les gendarmes en feront les frais. Il en ira de même pour le patron de la police judiciaire locale, Dimitrius Dragacci, qui perd son poste de direction alors que ses hommes, soupçonnés par les enquêteurs parisiens et le préfet de Corse de collusion avec le milieu nationaliste, laissent la place à la DNAT[9].

---

[6] Du nom d'une gendarmerie détruite par le groupe clandestin Sampieru qui vole à cette occasion l'arme qui a servi à l'assassinat du préfet.

[7] Le cabinet du Premier ministre est dirigé par Olivier Schrameck. Clotilde Valter y est chargée du suivi des affaires corses, sous l'autorité d'Alain Christnacht, conseiller du directeur de cabinet.

[8] Philippe Barret, proche de Jean Pierre Chevènement, y est chargé de l'aspect interministériel du dossier corse.

[9] La réputation sulfureuse de la police judiciaire ajaccienne remonte au début des années quatre-vingt où des tracts du FLNC furent retrouvés sur les photocopieurs d'un commissariat. Plus récemment, en 1997, un vol d'armes au sein même du commissariat attira l'attention des médias continentaux.

332. Mais le pouvoir politique socialiste et les cabinets se méfient d'une DNAT classée, à raison, à droite de l'échiquier politique et fortement soupçonnée d'être aux mains des « réseaux Pasqua » dans l'île. La pression est forte sur le préfet : il faut contrebalancer l'influence de Marion en s'appuyant sur la gendarmerie pour mener l'enquête, tout autant que sur la police. L'idée de créer un corps de gendarmes spécialisé dans le renseignement et l'action anti-terroriste prend forme. Ce sera chose faite en juillet 1998 avec la création du GPS alors que le *Journal Officiel* du 3 juin donne au préfet des « pouvoirs spéciaux » sur le modèle des préfets de zone de défense[10]. Cette création d'un corps d'exception coïncide avec un certain retournement de l'opinion publique insulaire, confrontée à la guérilla administrative du préfet et aux méthodes musclées de la DNAT appliquant au terreau social insulaire une pratique d'arrestations brutales expérimentée sur les réseaux islamistes ou basques. Le silence traditionnel face à l'État se mue peu à peu en refus de la stigmatisation dont les Corses semblent faire l'objet.

333. Bernard Bonnet, soutenue par une hiérarchie méfiante à l'égard de la police, va traiter lui-même l'enquête Erignac. La double enquête commence et se prolonge alors qu'à Paris, le ministre de l'Intérieur subit un grave accident opératoire. Disposant d'un informateur bavard, le préfet Bonnet est disposé à collaborer avec le juge Bruguière qui, fait exceptionnel, laisse l'autorité administrative préfectorale avoir accès à la procédure judiciaire. Mais alors que Bernard Bonnet transmet au juge Bruguière et au procureur de la République une note d'information détaillant les membres du commando à arrêter, Roger Marion, opérant sans consultation avec l'autorité judiciaire, interpelle à Bastia un seul membre présumé du commando, Jean Castella, laissant méfiant le reste du groupe, présent sur Ajaccio. Cette faille dans la coordination des services de police et de justice est ressentie par le préfet de Corse comme une marque de soupçon à son encontre et de défiance par rapport à la politique de rétablissement du droit, entreprise dans l'île. Le préfet, méfiant vis-à-vis de la police devient convaincu qu'il ne peut compter que sur ses seuls efforts[11].

334. C'est dans cette ambiance de tension et de déchirement au sein des services de l'État que va être pensée l'opération « paillote ».

335. Dans le cadre du rétablissement de l'État de droit, le dossier de l'occupation illégale des plages du domaine public maritime est une priorité. Très médiatique, ce dossier est symbolique, aux yeux du préfet, du retour à l'État de droit. Si l'enquête Erignac freine l'activisme du représentant de l'État, elle ne l'atteint pas totalement. La question des paillotes est posée brutalement lorsque Yves Féraud, propriétaire de chez Francis, déclare dans une émission télévisée, en novembre 1998 sur France 2 : « je sais que je suis dans l'illégalité mais je vais y rester ». Selon les déclarations du colonel Mazères, mis en examen par le juge Camberou d'Ajaccio, cette déclaration stupéfait Bonnet qui parle d'un « sentiment d'impunité judiciaire », principal frein à son action rédemptrice[12]. Le

[10] Impliquant la possibilité de décréter un état d'urgence.

[11] Sur les impressions de Bernard Bonnet confiées au juge d'instruction d'Ajaccio, on se reportera à P. Irastorza, *op. cit.*, p. 161 et s.

[12] *Ibid.*, p. 57.

plan paillote est-il alors en gestation ? Dans un premier temps prime l'action légale : le 2 mars 1999, la préfecture annonce « la remise en état » du littoral. Le génie militaire détruit la terrasse du restaurant *Roses des sables* à la sortie d'Ajaccio. Le 9 avril, c'est la paillote de la plage d'Argent, face à Ajaccio, qui est visée. L'opération est prévue le jour même où l'Assemblée territoriale de Corse doit examiner une motion présentée par les nationalistes de *Corsica Nazione* visant à surseoir à la démolition des paillotes. Prévenus par le propriétaire de la paillote, familier d'un employé de l'Assemblée de Corse, de nombreux élus insulaires dont un responsable politique continental (François Léotard) s'interposent, rejoignant un groupe de manifestants menés par Yves Féraud. La situation est explosive et le préfet Bonnet cède, alors que de nombreuses pressions d'élus et de responsables policiers l'engagent à surseoir à la destruction de la paillote *chez Francis*, prévue dans les mois à venir.

336. Les interrogatoires, par le juge d'instruction, du préfet, de son directeur de cabinet Gérard Pardini et du colonel Mazères, commandant de légion et intime de Bonnet, font état de ce tournant critique du 9 avril. L'opération avortée est vécue par la préfecture comme un camouflet en même temps qu'une conspiration : des élus locaux et nationaux (José Rossi et François Léotard) se sont opposés au préfet ; la PJ et les RG semblent récuser la politique suivie (sur fond de rivalité dans l'enquête Erignac) ; la gendarmerie est accusée par Bonnet de n'avoir pas suivi ses instructions en n'isolant pas suffisamment le site de *Mare e sole* sur la plage d'Argent, laissant s'organiser la contestation ; le pouvoir politique (cabinet Matignon) condamnera les propos ironiques du préfet, tenus le lendemain à *Corse Matin,* faisant allusion au « mur de Fréjus », visant l'ancien ministre Léotard[13]...

337. Le 20 avril, soit 11 jours plus tard, la paillote de *chez Francis* est incendiée par trois officiers du GPS, abandonnant dans la débâcle une cagoule et un poste émetteur corail, signant la participation d'un corps militaire à l'attentat.

II. – Les leçons juridiques et politiques d'une dérive

Les leçons de l'affaire...

338. La première leçon est d'ordre très générale. On remarquera d'abord, et de façon paradoxale, que le traitement judiciaire de l'affaire Bonnet peut être interprété comme un réel progrès de l'État de droit. Pour la première fois, une action illégale engageant des fonctionnaires d'État ne peut se cacher derrière la raison d'État. On saluera, dans la mise en lumière de cette affaire, dans sa publicité, dans l'indépendance de la justice à l'œuvre, la force de l'État de droit

[13] Cette condamnation intervient suite à d'autres mises en garde répétées depuis la fin de l'année 98 (refus d'un entretien à LCI, critiques d'un effet d'annonce sur un contribuable – introuvable – ayant soustrait» plusieurs millions de $ au fisc »...).

contre le droit de l'État. On notera également l'heureuse singularité française en Corse. « L'opération main propre » montée suite à l'assassinat du préfet Erignac, l'est par l'État lui-même et non à l'initiative de quelques juges férus d'indépendance comme ce fut le cas en Italie ou en Espagne.

339. La deuxième leçon porte sur la question de savoir si l'affaire Bonnet peut être considérée comme une « affaire de l'État » plutôt que comme une « affaire d'État ». Finalement, il s'agit de se demander si cet acte de terrorisme ne relève que de la responsabilité pénale de quelques fonctionnaires égarés ou s'il engage plus généralement la responsabilité constitutionnelle des gouvernants.

340. Il paraît évident que la responsabilité pénale des agents de l'État, auteurs de l'attentat, est vivement engagée. Il s'agit là d'une responsabilité individuelle jugée à l'aune de la commission d'une infraction relevant du code de procédure pénale. En aucun cas, cette responsabilité ne saurait être étouffée par la mise en avant d'une responsabilité supérieure, collective, engageant l'appareil de gouvernement dans son ensemble.

341. Pour autant cette dernière demeure. Le récit détaillé de l'affaire Bonnet nous semble mettre en avant une tendance lourde : celle de la criminalisation de la responsabilité, substituant la responsabilité pénale des agents de l'État, ici légitimement engagée, à une non moins légitime responsabilité politique des gouvernants. L'infraction constatée qui dévoile le crime masque, alors qu'elle devrait révéler, la faute politique des gouvernants. Dans cette affaire, il ne saurait y avoir exclusion des deux formes de responsabilité, mais plutôt convergence, tant la faute politique semble avoir conduit à l'infraction pénale.

De quelles fautes politiques parle-t-on ?

342. L'affaire Bonnet, c'est avant tout la confusion entre État de droit et État d'exception. Cette mise en place de procédures et de moyens d'exception qui sortent souvent du contrôle de légalité et de la surveillance administrative, fut du ressort du gouvernement. On ne peut que voir là une première faute politique consistant à sublimer la force de l'État au dépend de la capacité de contrôle de son action. Dans la mesure où l'instauration d'une politique publique singulière en un point du territoire national (fusse la Corse) ressort exclusivement de décisions gouvernementales, il est normal que les conséquences de cette politique publique relèvent de la responsabilité politique de ce même gouvernement. Ainsi, l'octroi au préfet Bonnet de pouvoirs de police exceptionnels ainsi que la création d'un corps militaire d'exception à son seul service, relève de la responsabilité politique des décideurs[14].

343. La deuxième faute relève de « l'esprit de la nomination ». On peut parler d'une faute plus subjective, résultant de l'extraordinaire pression politique instaurée sur les acteurs directs de l'affaire. Ici, la responsabilité du gouvernement doit être mesurée à la hauteur de son engagement proclamé en Corse. Or celui-ci fut majeur : le rétablissement rapide de l'État de droit et la

---

[14] Ceux-ci ne pouvaient par ailleurs pas ignorer l'existence du GPS, annoncé dans le rapport sur la Corse de la Commission d'enquête parlementaire Glavany et discuté en « réunion interministérielle d'arbitrage », le 14 mai 1998.

résolution de l'enquête Erignac sont érigées en priorités nationales, en « cause sacrée de la République ». C'est toute une politique de rupture avec les errements passés qui est jugée sous l'œil des médias. Peut-on dire que la conjonction de ses deux situations, pression politique et mise en place de moyens d'exception va favoriser les conditions du dérapage ?

344. La faute politique est plus flagrante encore dans l'examen détaillé du déroulement de l'enquête sur l'assassinat d'Erignac. Selon une déclaration du préfet de Corse au juge d'instruction, rapportée par le journal *l'Express,* ses informations confidentielles sur l'identité des assassins, transmises au cabinet de Matignon et au procureur de la République, n'ont pas été immédiatement mises à disposition des hommes de la DNAT chargés de l'enquête[15]. La méfiance du pouvoir politique par rapport à une police soupçonnée d'être « de droite » aurait donc freiné la bonne efficacité du travail policier, pérennisant les mécanismes de la double enquête. Cette intrusion supposée du pouvoir politique, freinant le bon déroulement d'une enquête judiciaire et encourageant la mise en œuvre d'une enquête parallèle menée par l'autorité administrative, constitue à l'évidence une faute majeure de « mal-gouvernance ».

La responsabilité des gouvernants...

345. On ajoutera trois choses concernant la timide mise en jeu de la responsabilité politique des gouvernants dans le cadre de cette affaire.

346. Première remarque. Celle-ci n'a pas échappé, quoiqu'on en dise, aux gouvernants eux-mêmes. Le Premier ministre parlant à l'Assemblée nationale d'un « coup dur » pour son action publique reconnaissait implicitement la portée politique de cette dérive préfectorale. Il la reconnaîtra d'autant plus lorsqu'il s'agira de partager une éventuelle responsabilité avec la deuxième tête de l'exécutif, favorable, elle aussi, à la nomination du préfet. La tentative de mise en cause larvée du Président de la République dans cette affaire permet de penser que l'idée d'une responsabilité à assumer n'était pas étrangère au gouvernement.

347. La deuxième remarque concerne la motion de censure déposée par une partie de l'opposition à l'encontre de la politique du gouvernement en Corse. Il s'agit là évidemment du mode normal de mise en jeu de la responsabilité collective du gouvernement. En déclarant que le dépôt d'une motion de censure était motivé par « une politique fautive du gouvernement en Corse, symptôme du mal gouvernement de la France (dans l'île) »[16], l'opposition parlementaire était pleinement dans son rôle de contrôle de l'activité gouvernementale.

On s'étonnera juste, en plus de la faible adhésion à cette initiative, de certaines déclarations de l'opposition parlementaire motivant la motion de censure par le fait « qu'il est impossible qu'on ait agît sans l'aval ou l'ordre de tel ou tel ministre »[17], faisant ainsi coïncider une responsabilité pénale des

---

[15] *L'Express*, 3 juin 1999.
[16] *Le Monde*, 25 mai 1999.
[17] *Ibid.*

ministres avec la responsabilité politique du gouvernement. Une telle interprétation renvoie plus à une infraction de type « criminalité gouvernante » qu'à la seule responsabilité politique des gouvernants[18].

Ainsi, la mise en jeu de la responsabilité politique est pensée, par ceux là même qu'elle engage, sur le registre du droit pénal, trahissant une forte « pénalisation des habitus » politique.

348. Troisième remarque enfin. Notons que le faible écho de cette motion de censure résulte de l'annonce quasi simultanée de l'arrestation des assassins du préfet. Cette « coïncidence » très politique montre que la responsabilité d'une politique efficace peut être endossée pour affirmer son action publique au Parlement. Pourquoi dès lors récuser une responsabilité négative ? Pour le dire autrement, la juste satisfaction du gouvernement suite à l'arrestation des assassins du préfet et, n'en doutons pas, sa promptitude à endosser la responsabilité d'une telle réussite (ou de celle des succès de l'État de droit en Corse) ne peut avoir comme pendant que le même mécanisme concernant ses errements.

349. Cette révélation, très médiatisée puisque très attendue, montre également comment l'utilisation des médias peut vider de son sens les mécanismes du régime parlementaire, au premier rang desquels la fonction de contrôle de l'activité gouvernementale. Le principe de responsabilité en est dévoyé. Le filtre des médias permet au gouvernement de jouer le public contre le travail de contrôle des parlementaires. Le gouvernement n'est plus responsable devant les représentants de la nation mais redevable devant une opinion publique, juge et partie de la politique répressive tenue en Corse.

III. – LES LEÇONS DE LA CAGOULE

350. Au-delà du débat juridique, l'affaire Bonnet soulève un paradoxe sur lequel le sociologue ne peut rester silencieux, quand bien même les outils de la discipline semblent singulièrement pauvres à le révéler[19]. Paradoxe immanquablement constaté dans toutes les affaires de terrorisme, que ce soit au Pays basque espagnol, dans les montagnes kurdes ou dans l'Algérie contemporaine[20]. Paradoxe qui veut que les acteurs d'État en butte à la menace

---

[18] On aboutit ici à une confusion des genres qui nous entraîne vers ce que Diez Picazo appelle la « criminalité gouvernante », infraction permettant de qualifier des actes qui « tendent à brouiller l'adéquation entre l'État et la légalité et par conséquent, tendent à délégitimer l'État devant les citoyens », *La criminalidad de los gobernantes*, Barcelona, Critica, 1996, p. 14. Le juriste espagnol fait allusion à l'instauration des commandos anti-ETA, GAL – Groupes anti-terroristes de libération – véritable politique publique terroriste mise en œuvre par les dirigeants politiques socialistes. On est loin de l'affaire de la paillote où l'intentionnalité criminelle des gouvernants n'est nullement soulevée et où les deux formes de responsabilité doivent être clairement distinguées.

[19] Sur ce point, v. l'analyse d'A. Simon sur l'œuvre de René Girard, *Esprit*, nov. 1973.

[20] V. à ce sujet, L. Martinez, *La guerre civile en Algérie*, Paris, Karthala, 1998 ; Fr. Letamendia Belzunce (Ortzi), *Historia del nacionalismo vasco y de ETA*, Donostia, RyB ediciones, 1992, principalement le troisième tome, p. 310 et s.

terroriste ne résistent pas à user des méthodes et à revêtir les cagoules de ceux là même qu'ils prétendent combattre[21]. La leçon de la cagoule des gendarmes du préfet Bonnet rejoint ici les fonctions du masque qui, pour citer René Girard, permet l'effacement des différences tout autant que leur incorporation en un « double monstrueux »[22]. En effet, ce qui frappe le plus l'observateur et ce qui a pu apparaître comme étant le plus choquant dans cette affaire, c'est l'extraordinaire mimétisme, dont la cagoule est le symbole, qui réunit les « adversaires » du jeu corse. Le trouble ressenti par une opinion publique lasse de l'actualité insulaire résulte moins de l'incendie de la paillote, privant un restaurateur, illégalement installé, de son bien, que de la rocambolesque description de l'affaire, identifiant en tous points des fonctionnaires d'État aux clandestins du FLNC... l'efficacité en moins. Même méthode (commando), mêmes moyens (fuel et bouteille de gaz partiellement évidée), même qualification d'infraction retenue, même style de défense (usage immodéré des médias), même ton vindicatif (entre Bernard Bonnet et les élus nationalistes), même mode de vie (« clandestinité » d'un préfet coupé des réalités sociales insulaires).

351. Le paradoxe de cette affaire corse est de produire de la ressemblance là où l'on attendait le plus de la différence comme si, portant leur désir sur un même objet convoité, les acteurs du jeu corse se sentaient obligés d'enfiler les mêmes cagoules.

352. Comment expliquer cette dérive criminelle spéculaire, au moment même où l'État de droit engageait sa plus importante offensive légale ?

On usera pour cela de l'apport psychanalytique et anthropologique d'un René Girard. Pour l'auteur de *La Violence et le sacré,* les relations entre les hommes sont régies par un mécanisme d'imitation et de rivalité qui relance sans cesse la violence. Pour mettre fin à cette violence de tous contre tous, il faut lui substituer une violence sacrificielle de tous contre un seul. Le sacrifice d'une victime émissaire ne sert pas nous dit Girard à expier une faute (en ce sens la victime n'est pas un coupable) mais à détourner la violence de la communauté à protéger pour la diriger vers un tiers extérieur à la communauté. Le sacrifice serait ainsi une manière de tromper la violence par la violence, de mettre fin à l'escalade de la « mauvaise » violence entre les hommes, en se fondant sur une « bonne » violence de rassemblement.

353. Pour qui connaît l'univers nationaliste en Corse, il apparaît clairement que l'assassinat du préfet Erignac correspond en tout point à ce projet sacrificiel. Le rite girardien rencontre ici la tragique actualité. Il s'agissait moins pour le commando nationaliste meurtrier d'attaquer l'État (ce qu'il fera de fait) que de vouloir ressouder et refonder la communauté nationaliste, menacée de déliquescence depuis les rivalités assassines de 1995[23]. Erignac a joué ici ce rôle,

---

[21] On lira avec profit l'analyse de D. Bigo et D. Hermant, « La relation terroriste », *Études polémologiques*, n° 30 et 31, 1984.

[22] R. Girard, *La violence et le sacré,* Paris, Grasset, 1972, p. 213 et s.

[23] Comme en témoignent les propos des présumés meurtriers du préfet de Corse, dénonçant sans cesse la dérive des chefs et la nécessité de poser un acte de rassemblement autour d'un idéal

nécessaire aux yeux des militants radicaux exclus des structures officielles de la clandestinité, de victime expiatoire de la violence nationaliste fratricide[24].

354. L'erreur de l'État dans cette affaire est d'avoir voulu user du même rituel sacrificiel, aux mêmes fins que son adversaire nationaliste. Clandestins et Pouvoirs publics ont en effet en commun un même objet de désir que le rite prétend assouvir : la quête d'une unité communautaire et d'une légitimité à diriger. Le meurtre sacrificiel d'Erignac visait cet objectif nationaliste (unité de la communauté nationaliste, légitimité des clandestins auprès d'une population de plus en plus critique). Le meurtre d'Erignac sera également pour l'État l'occasion, historique car première, d'introduire l'État de droit en Corse, d'avoir une action légitime sur l'île, de mettre fin à la spécificité insulaire, celle d'une dérogation constante au droit commun national. La ferme prise de position des gouvernants au lendemain du lâche assassinat fut l'occasion d'amorcer un processus long mais réel de rétablissement de la légalité républicaine dans l'île. Il s'agissait véritablement d'unir dans le respect du droit l'île au continent et de prouver aux insulaires la réalité de l'action étatique en Corse.

355. J'avance l'hypothèse que l'erreur de l'État est donc d'avoir usé du même rite sacrificiel que ses adversaires nationalistes pour faire advenir la légalité en Corse. En désirant la même chose (l'unité et la légitimité), les protagonistes (État et nationalistes) vont se comporter de la même façon : fonder brutalement le retour du droit sur le meurtre du préfet, c'était prendre le risque de mélanger enquête policière et ordre administratif, de confondre moyens policiers et légalité publique, bref de mêler État de droit et droit de l'État. La fusion constatée – et encouragée – entre acteurs policiers et responsables politico-administratifs a fondé le rétablissement du droit sur des moyens d'exception.

La crise sacrificielle est alors devenue une crise mimétique. C'est la grande leçon de la cagoule du préfet Bonnet.

(l'indépendance) en perdition. V. le dossier de *Libération*, « Corse, l'État incendiaire », *in* http://www.libération.fr.

[24] Non sans un certain succès d'ailleurs si l'on en juge par l'excellent score de *Corsica Nazione* aux élections territoriales de mars 1999 ou par la création du comité Fiumorbu destiné, justement, à unifier le conglomérat nationaliste. Sur les déchirements du FLNC, X. Crettiez, *La question corse*, Bruxelles, Complexe, 1999 et notre article « Quelles violences », *in* X. Crettiez et J. Ferret, *Le silence des armes,* Paris, La Documentation française, 1999, pp. 189-212.

CONCLUSIONS

Benoît JEANNEAU
Professeur émérite à l'Université Panthéon-Assas (Paris II)

356. Autant j'ai accepté bien volontiers et même avec joie de conclure cette journée d'études sur un thème qui correspondait à l'idée que je me fais de la complémentarité entre le droit constitutionnel et la science politique, autant au moment d'entreprendre l'exercice, j'en mesure toute la difficulté. Car, après avoir entendu tous ces rapports et échanges de vues aussi intéressants les uns que les autres, je me sens pris d'une sorte de vertige devant ce foisonnement d'observations et de réflexions très éclairantes. Et pour en sortir, j'ai pensé que la meilleure méthode consistait à aller du certain vers le moins sûr, c'est à dire de commencer par les points qui ont été incontestablement élucidés pour en arriver ensuite aux questions qui restent encore en suspens.

357. Sur un sujet aussi sensible et controversé, on ne pouvait pas, en effet, prétendre lever tous les doutes, ni trancher définitivement un débat que l'actualité ne cesse de relancer. Mais je crois pouvoir dire que les informations et les réflexions que nous avons échangées au long de la journée nous ont permis d'améliorer la connaissance de la réalité, de corriger dans certains cas l'image déformée que nous en avions et de mieux comprendre dans quels termes se pose vraiment le problème.

I

358. L'enquête sur la responsabilité pénale des dirigeants politiques telle qu'elle est réglée et vécue dans certains pays étrangers s'est révélée à cet égard très précieuse car elle nous a fourni des termes de comparaison et fait revenir sur quelques erreurs d'interprétation.

359. D'abord nous avons maintenant une vision d'ensemble des dispositions qui commandent la matière dans les grandes démocraties. D'entrée de jeu, en effet, M. Philippe Lauvaux a bien mis en évidence l'existence de deux systèmes d'inspirations très différentes : l'un où les gouvernants répondent des crimes et des délits qu'ils auraient pu commettre devant les tribunaux ordinaires et l'autre où ils sont protégés des poursuites pénales par des immunités ou des privilèges de juridiction plus ou moins larges. Et il a également bien expliqué à quelles traditions juridiques se rattachaient ces deux grandes familles institutionnelles.

360. Et puis, les rapports consacrés à des pays déterminés ont, chacun à leur manière, levé bien des doutes qu'une actualité récente avait fait naître sur certaines pratiques ou déviations typiquement nationales et difficiles à évaluer de loin.

C'était notamment le cas de la procédure d'*impeachment* sur l'évolution de laquelle on pouvait s'interroger après les débordements auxquels avait donné lieu l'affaire Clinton. N'était-elle pas en train de se transformer à l'initiative des partis et sous la pression des médias en un mécanisme de responsabilité politico-pénale du chef de l'État contraire à l'esprit des pères de la Constitution ?

361. Mais dans son rapport, Mme Elisabeth Zoller a levé toute ambiguïté sur ce point en expliquant très clairement que l'*impeachment* n'était en rien une forme de responsabilité pénale. Et cela parce qu'il ne jouait qu'en cas de manquements particulièrement graves aux devoirs de la fonction (*high crimes and misdemeanors*) et ne pouvait entraîner au pire que la destitution du titulaire. Aussi bien le Président peut-il être poursuivi et condamné parallèlement au civil comme au pénal devant les tribunaux judiciaires pour les faits même qui ont motivé son accusation par la Chambre des Représentants.

Voilà donc un premier point sur lequel nous sommes maintenant parfaitement au clair : l'*impeachment* a toujours été et reste encore une procédure unique en son genre, c'est à dire ni pénale, ni vraiment politique non plus dans la mesure où elle ne vise pas à sanctionner la « mal-gouvernance » comme en régime parlementaire.

362. S'agissant de la Grande Bretagne toujours un peu mystérieuse, c'est un autre genre de question qu'on pouvait se poser. Pourquoi, dans ce système où les gouvernants sont également assujettis au droit commun, le développement de la délinquance politico-financière ne semble-t-il pas avoir entraîné la multiplication de condamnations infligées à des ministres ?

M. Denis Baranger explique ce phénomène de façon très intéressante par le jeu de la responsabilité individuelle des ministres qui vient couper court à l'exploitation dans l'opinion de la défaillance d'un membre du gouvernement.

363. Avant même que le procès pénal ne soit ouvert, les ministres impliqués dans une affaire sont, en effet, invités à démissionner après une enquête diligentée par l'Exécutif avec le concours de magistrats souvent appelés à présider la commission chargée d'élucider les responsabilités en cause.

On assiste ainsi en Grande Bretagne à une sorte de collaboration entre le gouvernement et le pouvoir judiciaire dans l'examen préalable de certains délits commis par les ministres dans l'exercice de leurs fonctions. Et cette méthode permet de démêler à l'avance ce qui, dans le comportement d'un ministre, relève d'une mauvaise gestion et donc de sa responsabilité politique et ce qui constitue une faute personnelle engageant sa responsabilité proprement pénale.

364. Mais dans la plupart des cas, le ministre est exclu du gouvernement. Une manière tout empirique de désamorcer les conflits entre les pouvoirs et de calmer l'opinion, mais qui a fait ses preuves, que pratique également l'Allemagne et dont d'autres régimes parlementaires pourraient utilement s'inspirer.

365. On trouverait en Belgique, en Espagne et en Grèce, sans parler de la France sur laquelle nous reviendrons, des exemples confirmant que les régimes de protection des gouvernants en matière pénale n'ont pas été complètement démantelés par la vague de scandales politico-financiers de ces dernières années.

Mais ils ont tout de même perdu en intensité et en crédibilité.

366. Ce renversement de tendance nous est apparu, en revanche, beaucoup plus significatif dans l'ordre international à la lumière du dernier rapport de la matinée consacré à l'émergence d'une justice pénale supra-étatique.

367. M. Mario Bettati nous a, en effet, très bien montré comment la création des tribunaux pénaux internationaux pour la Yougoslavie et le Rwanda et la prochaine institution d'une Cour pénale internationale étaient en train de faire reculer très sérieusement l'impunité dont bénéficiaient jusque là les gouvernants coupables de génocides et de crimes contre l'humanité.

368. Il a aussi fort bien mis en évidence le rôle joué par les opinions publiques dans cette avancée du droit qui n'aurait pas été possible sans un sursaut des consciences vraiment universel. Car il s'agissait, à ce niveau là, de vaincre un obstacle autrement plus considérable que le corporatisme parlementaire : celui de la souveraineté des Etats.

369. De ce panorama des réalités étrangères et internationales, on peut ainsi tirer deux conclusions complémentaires.

370. D'une part, au niveau institutionnel, les systèmes réservant un traitement particulier aux dirigeants politiques en matière pénale, qui étaient les plus répandus, perdent incontestablement du terrain dans la mesure où les privilèges qu'ils comportaient tendent à s'amenuiser.

371. D'un autre côté et au plan sociologique les régimes d'assujettissement au droit commun, s'ils restent minoritaires prennent une valeur d'exemple parce qu'ils correspondent l'aspiration du public à une pleine égalité des citoyens devant la justice.

372. L'expérience montre, au surplus, que dans les pays où de longue date les hommes politiques répondent devant les tribunaux ordinaires des crimes et des délits qu'ils auraient pu commettre dans l'exercice de leurs fonctions, leurs démêlés avec la justice ne déchaînent pas autant de passion qu'ailleurs et que les magistrats eux-mêmes mettent à les régler plus de sérénité.

373. Mais reste à savoir si ces recettes sont exportables et produiraient les mêmes effets dans des pays où les rapports entre le pouvoir politique et la justice n'ont jamais été vraiment confiants.

II

374. Au regard de toutes ces expériences, la situation de la France méritait d'être réexaminée non seulement parce que le droit a beaucoup changé en la matière ces dernières années, mais aussi parce que le débat s'est également profondément renouvelé.

375. C'est ce que M. Dominique Chagnollaud a très bien mis en évidence dans son rapport introductif de la séance de l'après-midi en évoquant toutes les questions nouvelles qu'avait soulevées la multiplication des scandales politico-financiers et des accidents sanitaires d'ampleur nationale. Et il est sûr que toutes ces affaires, et notamment le drame du sang contaminé, ont eu en France un plus grand retentissement qu'ailleurs, l'Italie mise à part.

376. Mais ce qui frappe aussi dans le cas français, c'est que les réponses à ces différents problèmes sont intervenues en ordre dispersé et ne sont pas allées dans le même sens selon les autorités concernées parlementaires, chef de l'État, ministres et responsables locaux.

377. 1) C'est ainsi que les premiers ont perdu leur privilège le plus important. La révision constitutionnelle du 4 août 1995 a modifié, en effet, l'article 26 de la Constitution qui interdisait toute poursuite pénale contre un membre du Parlement durant les sessions sans une autorisation de l'Assemblée à laquelle il appartenait.

Les juges d'instruction et les procureurs n'ont donc plus de permission à demander pour mettre en examen et traduire devant les juridictions répressives un député ou un sénateur, sauf celle du Bureau de l'Assemblée nationale ou du Sénat avant de procéder à une arrestation ou de prendre une mesure privative ou restrictive de liberté.

Et il s'agit là d'un changement décisif dans la mesure où les parlementaires ne peuvent plus désormais s'abriter derrière leur immunité pour retarder le cours de la justice lorsqu'ils se trouvent impliqués, notamment dans une affaire de malversation financière ou de corruption. Et l'opinion y a vu un progrès et une normalisation.

378. 2) Mais c'est au mouvement inverse qu'assez curieusement on allait assister quelques années plus tard s'agissant du chef de l'État lorsque la question s'est posée de savoir si le Président Jacques Chirac pouvait être poursuivi à raison d'actes accomplissant son entrée en fonction, c'est à dire du temps où il était maire de Paris.

On aurait pu penser, en effet, que l'immunité, dont jouit traditionnellement en France le chef de l'État, couvrait seulement les actes accomplis dans l'exercice de ses fonctions et que, pour les autres, il était passible des tribunaux de droit commun comme un citoyen ordinaire. La lettre de l'article 68 de la Constitution autorisait en tout cas cette interprétation et le climat du moment plaidait aussi dans ce sens.

Or nous savons que le Conseil constitutionnel et le magistrat instructeur en ont décidé autrement estimant que, même pour les actes accomplis en dehors de ses fonctions ou sans lien avec elles, la responsabilité pénale du Président de la République ne pouvait être mise en cause durant son mandat que devant la Haute Cour de Justice. Ce qui revenait à élargir le champ de ses privilèges.

Il est vrai que M. Michel Troper dans son rapport nous a démontré de façon très convaincante que cette solution était conforme non seulement à l'esprit du texte constitutionnel, mais aussi à la logique de la séparation des pouvoirs. De même a-t-il pris soin de souligner qu'il y avait bien irresponsabilité complète pour les actes de la fonction sauf cas de haute trahison, alors que pour les autres actes il ne s'agissait que d'un privilège de juridiction momentané.

Sans doute, M. Guillaume Drago nous a-t-il bien expliqué également que cette fameuse décision du Conseil constitutionnel du 22 décembre 1999 n'avait pas clos la controverse, que sa portée restait discutée et qu'un autre juge d'instruction serait parfaitement en droit de statuer un jour ou l'autre différemment.

Il n'empêche qu'a été créé là un précédent sur lequel on ne reviendra sans doute pas. Au reste l'opinion l'a bien mesuré, mais n'a pas désapprouvé dans le moment ce renforcement de l'immunité judiciaire du Président de la République parce qu'elle a bien senti, après le spectacle consternant de l'affaire Clinton, qu'il était sage de protéger la fonction au-delà de l'homme qui l'incarnait, surtout s'il était l'élu de la nation.

379. 3) S'agissant des ministres, c'est une solution moyenne qui fut retenue par le Parlement lorsque, devant l'émotion suscitée par le drame du sang contaminé, il lui fallut bien réformer le système existant qui garantissait en fait aux membres du gouvernement une quasi-impunité.

D'une part, en effet, la loi constitutionnelle du 27 juillet 1993 permettait à toute personne qui se prétend lésée par un crime ou un délit commis par un ministre dans l'exercice de ses fonctions de saisir une juridiction spéciale, la Cour de Justice de la République, comprenant trois magistrats professionnels aux côtés de douze parlementaires.

Et cela représente un gros progrès par rapport à la procédure antérieure exclusivement entre les mains du Parlement.

Mais d'un autre côté, le nouveau dispositif prévoyait qu'une commission des requêtes composée de cinq hauts magistrats procéderait à un tri des plaintes pour éviter que les ministres ne soient constamment harcelés par des récriminations sans fondement ou abusives.

Ce mécanisme assez bien équilibré résista cependant mal à la première épreuve si l'on en juge par toutes les critiques qu'ont suscitées au printemps dernier le déroulement et le verdict du procès du sang contaminé. Et cela dans des sens opposés :

- les uns ayant contesté les entorses au droit pénal commun et en particulier l'interdiction faite aux victimes de se porter parties civiles ;

- les autres ayant au contraire déploré qu'on ait cherché à faire sanctionner pénalement des erreurs ou négligences collectives qui relevaient d'une responsabilité politique.

Et c'est cette dernière critique qu'il avait déjà formulée avec force dans plusieurs écrits, que M. Olivier Beaud devait reprendre dans son rapport, mais pour l'étendre cette fois au cas des hauts fonctionnaires et des responsables territoriaux. Il montre bien, en effet, que la responsabilité politique et la responsabilité administrative sont en définitive de même nature dans la mesure où elles visent à sanctionner une mauvaise gestion et non une faute personnelle. Et il constate dans ce domaine là aussi la tendance à substituer la répression pénale à l'indemnisation pour faute de service. Comme si on voulait que les représentants de l'État ou d'une collectivité publique soient condamnés individuellement et sévèrement quelle que soit leur responsabilité personnelle réelle !

380. 4) Ce qui nous amène à la quatrième catégorie de décideurs publics : les hauts fonctionnaires et les responsables locaux dont la responsabilité pénale n'est généralement étudiée que par les administrativistes, alors qu'elle pose un vrai problème politique.

C'était donc une excellente idée de comparer leur situation à celle des autres dirigeants et ce rapprochement nous a éclairés sur deux points.

D'abord, il nous a permis de prendre conscience que de tous les représentants de l'autorité, les préfets et les maires, pour ne retenir que ces deux exemples, étaient les plus exposés à la répression pénale.

Et M. Eric Desmons, dans son rapport, nous en a très bien expliqué les raisons : non seulement ils ne bénéficient d'aucune protection particulière, le conflit ne pouvant être élevé en matière criminelle et correctionnelle, mais ils sont devenus de véritables boucs émissaires sous l'effet d'un double mouvement.

D'une part les victimes préfèrent poursuivre devant les juridictions répressives le fonctionnaire ou le maire qu'elles estiment responsable de leur malheur plutôt que de s'adresser aux tribunaux administratifs à fin d'indemnisation. Car ils y trouvent, outre des facilités de preuve et de procédure, le moyen de satisfaire leur rancœurs en obtenant une sanction individualisée. Et il faut bien reconnaître que le développement excessif de la faute de service et la quasi-disparition de la faute personnelle dans la jurisprudence administrative ne sont pas étrangers à cette réaction. Par ailleurs, la multiplication des accidents liés à la vie moderne a conduit les tribunaux à se montrer de plus en plus rigoristes dans l'appréciation de la diligence qu'on peut attendre dans la prévention des risques auxquels sont exposés leurs administrés.

Et l'on a vu de plus en plus de préfets ou directeurs de cabinets et davantage encore de maires mis en examen et parfois sévèrement condamnés pour des imprudences ou négligences qui n'étaient pas vraiment répréhensibles. Une aggravation de leur responsabilité pénale que les élus locaux vivent particulièrement mal, contre laquelle ils s'insurgent de plus en plus vivement et qui préoccupe les pouvoirs publics dans la mesure où elle décourage les vocations au service public.

Mais l'analyse faite par M. Xavier Crettiez de l'affaire « Bonnet » nous a fait mesurer aussi combien ce genre de dérive de la répression pénale était, à ce niveau là, difficile à redresser. Car on ne peut tout de même pas faire bénéficier les préfets et tous les maires d'un régime de protection particulier.

Et l'émotion suscitée par l'arrestation du préfet Bonnet montre bien que c'est la disproportion entre la mesure prise (détention) et la gravité de la faute (incendie d'une paillote déjà condamnée à disparaître) qui a choqué une partie de l'opinion.

Et l'on en arrive ainsi à la question qui est au cœur du problème : peut-on compter en France sur une perspicacité et une modération du juge lorsqu'il est appelé à se prononcer dans l'application de la loi pénale sur le fonctionnement de l'administration et du gouvernement ?

III

381. A chacun d'apporter sa réponse selon sa sensibilité et sa connaissance du milieu administratif et du monde judiciaire. Mais si vous attendiez que, pour terminer, je vous livre mon opinion personnelle, je vous avouerais qu'au terme de ces échanges je reste là dessus encore perplexe. Plus exactement, je ne suis pas certain que, dans l'état actuel des mentalités et du droit positif, on puisse raisonnablement obliger les ministres à répondre de tous leurs faits et gestes devant les tribunaux ordinaires, ni laisser plus longtemps les préfets et les maires se faire sanctionner pénalement à la suite d'accidents dont ils ne sont pas responsables personnellement.

Et cela, pour trois raisons.

382. D'abord, parce qu'il y a un trop long passé de conflits entre le pouvoir politique et l'ordre judiciaire pour pouvoir espérer une décrispation immédiate. Ne voit-on pas encore certains magistrats manquer à la mesure et s'ériger en justiciers, comme s'ils avaient une revanche à prendre contre l'administration dont ils ne connaissent pas les rouages et ne veulent pas comprendre les difficultés. Et il faudra un certain temps pour qu'ils parviennent à revenir sur ces préventions.

383. Ensuite, parce que ces risques d'absolutisme judiciaire se trouvent aggravés en France par certains archaïsmes de notre procédure pénale de type inquisitorial qui laissent aux magistrats instructeurs un pouvoir excessif dans la conduite de l'enquête.

384. Enfin, parce que les Français sont non seulement anti-parlementaires, mais aussi très méfiants à l'égard de l'autorité et enclins à rendre le gouvernement responsable de tous leurs malheurs.

385. Il y a ainsi un danger supplémentaire à exposer les dirigeants dès le moindre accident collectif à la pression émotionnelle des parties civiles qui jouissent dans le procès pénal français d'un pouvoir d'autant plus exorbitant qu'il est orchestré par les médias.

386. Il faut donc commencer par débarrasser notre droit judiciaire de tous ces défauts, c'est à dire ramener la répression pénale à sa finalité qui reste de punir les fautes personnelles et intentionnelles.

Et ce n'est qu'après avoir pris ces précautions qu'on pourra envisager, comme le suggèrent maintenant le Doyen G. Vedel et Olivier Duhamel, de confier aux tribunaux ordinaires le soin de se prononcer sur les fautes pénales des ministres, mais sur celles-là seulement.

387. Pour tout dire, je veux bien admettre qu'il faudra sans doute en arriver là, mais non sans avoir au préalable jalonné le parcours pour éviter tout débordement. Car les décideurs publics dont la tâche est devenue démentielle ont droit, eux aussi, à être jugés équitablement, c'est à dire à l'abri des passions collectives.

Ce que Benjamin Constant avait bien aperçu, à une époque où leur charge était pourtant moins lourde, lorsqu'il écrivait : « Les ministres, plus exposés que de simples particuliers au dépit des passions blessées, doivent trouver dans les lois et dans les formes une protection équitable et suffisante ».

Annexe

LA COUR DE CASSATION ET LA RESPONSABILITÉ PÉNALE DU CHEF DE L'ÉTAT OU LES DOMINOS CONSTITUTIONNELS*

Dominique CHAGNOLLAUD
Professeur à l'Université Panthéon-Assas (Paris II)
Directeur du Centre d'études constitutionnelles et politiques (CECP)

388. *« Le Président de la République n'est responsable des actes accomplis dans l'exercice de ses fonctions qu'en cas de haute trahison. Il ne peut être mis en accusation que par les deux assemblées statuant par un vote identique au scrutin public et à la majorité absolue les composant ; il est jugé par la Haute Cour de Justice »* énonce l'article 68 de la Constitution, devenu aussi célèbre que l'article 49-3 pour les étudiants.

389. Tout le problème depuis l'origine – en réalité une partie de celui-ci – était de savoir si l'article 68 C pouvait – ou non – être lu « à la suite ». Et de deux choses l'une : soit l'on considérait que la règle de fond (la haute trahison) et la règle de procédure (la Haute Cour) ne pouvaient être dissociées, – le chef de l'État étant dans ce cas, pour les actes non rattachables à sa fonction, et a fortiori antérieurs, un « citoyen ordinaire » ; soit, on faisait une lecture « séparée » des deux règles – et il en résultait tout simplement que le chef de l'État n'était justiciable, quels que soient ses actes, que de la Haute Cour (le fameux « privilège de juridiction »). C'est la solution adoptée par le Conseil constitutionnel, le 5 janvier 1999, qui saisi de la compatibilité entre la Constitution et le Traité instituant la Cour pénale internationale avait décidé *« qu'au surplus, pendant la durée de ses fonctions, la responsabilité pénale (du chef de l'État) ne peut être mise en cause que devant la Haute cour de justice, selon les modalités fixées par le même article »*[1]. Cette décision avait ouvert un débat sur l'interprétation de l'article 68 et la question de savoir si elle s'imposait au juge pénal. Il a été clos par la décision de la Cour de Cassation du 10 octobre

---

* Article paru dans la *RD publ.* (n° 6, 2001, p. 1613 et s.), que nous remercions d'avoir autorisé l'auteur à reproduire.

[1] V. sur ce point Th. Renoux et M. de Villiers, *Code Constitutionnel*, Dalloz, qui présente de façon claire les deux lectures de la doctrine de l'article 68, en citant les auteurs.

2001 à qui revenait *in fine* de trancher sur le fond (I). Elle a clairement écarté l'autorité de chose jugée de la décision du Conseil constitutionnel à l'égard du juge pénal (II). Fondée sur la nature des actes, l'incompétence de la Haute Cour, décidée par la Cour de Cassation pour des actes étrangers et *a fortiori* antérieurs aux fonctions, contredit sans ambages la « lecture séparée » de l'article 68 adoptée par le Conseil constitutionnel (III). Si elle accorde en fin de compte au chef de l'État une immunité pénale pendant son mandat, rejoignant ainsi la solution de fait des sages du Palais Royal, c'est en conciliant sa lecture de l'article 68 avec d'autres principes constitutionnels (IV). Surtout, en écartant la compétence de la Haute Cour, la Cour de Cassation règle le problème de la prescription et limite ainsi clairement l'atteinte portée au principe constitutionnel d'égalité des citoyens devant la loi (V). Enfin, le Président ne peut être entendu comme témoin *dès lors que* l'obligation de comparaître est « assortie d'une mesure de contrainte par la force publique » (VI). C'est, en vérité, à un habile jeu de dominos constitutionnels que la Cour s'est livrée, substituant sa propre appréciation à celle du Conseil, et clarifiant ce faisant le statut pénal du chef de l'État.

I. – La décision du Conseil constitutionnel du 5 janvier 1999 n'avait rien réglé au fond

390. Les quelques lignes contenues dans la décision du Conseil constitutionnel pouvaient-elles suffire à définir la conduite du juge pénal, sauf à laisser la voie ouverte à l'exégèse ? Rien n'est moins sûr dès lors que, notamment, la Cour d'appel de Versailles le 11 janvier 2000 avait considéré que si le Président ne pouvait être mis en examen, l'instruction le visant pouvait être poursuivie, tandis que ni le garde des Sceaux, ni le procureur général près la Cour de Cassation n'avaient souhaité former un pourvoi dans l'intérêt de la loi contre cet arrêt, laissant ainsi se poursuivre un débat confus, parfois polémique. Quant à la Cour d'appel de Paris le 29 juin 2001, elle avait conclu au contraire à l'incompétence du juge d'instruction pour les actes visant le Président de la République et rejoint, au terme d'un raisonnement très précis, la solution du Conseil constitutionnel pour les actes accomplis « hors de ses fonctions », mais sans les distinguer quant au moment de leur éventuelle commission.

391. Une très large majorité de la doctrine s'accordait avant 1998 au moins – avant d'évoluer par la suite et de façon fluctuante – avec la lecture « à la suite » donnée d'ailleurs à l'origine, par le Professeur Jean Foyer, ancien garde des Sceaux du Général de Gaulle, au *Répertoire Dalloz de droit pénal*. Au surplus, on croit avoir démontré que c'est toujours de la nature des actes que la doctrine déduisait en principe la juridiction compétente. Sous la IIIe République, faute que les lois constitutionnelles de l'époque ne les distinguent, la même doctrine concluait à regrets au privilège de juridiction pour tous les actes du chef de l'État – la Haute Cour était son seul juge –, induisant dès lors une compétence *rationae* *personae* du Sénat[2]. Le Président, disait-on plaisamment, tuerait-il un perdreau en dehors des périodes de chasse, qu'il serait redevable de cette justice d'exception. Sous l'empire de la Constitution de 1946, l'immunité de juridiction pour le chef de l'État ne valait clairement que pour les actes rattachables aux fonctions et la Constitution de 1958 ne devait pas prêter beaucoup à discussion puisqu'elle visait clairement *« l'exercice des fonctions »*, avant qu'un débat – dont la doctrine a le secret – n'obscurcisse définitivement une disposition qu'on pouvait penser claire s'agissant en particulier de la liaison entre la règle de fond et la règle de procédure. Sans revenir sur la polémique juridico-politique, on peut aussi trouver paradoxal que les adeptes du positivisme classique le plus pur, considérant donc que l'interprétation est un acte de connaissance de nature scientifique et une activité purement descriptive, aient inversé leur démarche – de façon réaliste voire politologique (?) – pour rechercher à finaliser implicitement une interprétation d'ordre téléologique (le chef de l'État ne peut être un citoyen ordinaire) afin de soutenir explicitement que la lecture séparée de l'article 68 était en quelque sorte littéralement « claire ».

II. – La Cour de Cassation a clairement écarté l'autorité de chose jugée de la décision du Conseil constitutionnel à l'égard du juge pénal

392. En admettant même l'interprétation de la « lecture séparée » de l'article 68, la décision du Conseil constitutionnel était-elle nécessaire ? Si le statut de la Cour pénale internationale portait évidemment atteinte à la Constitution en autorisant la poursuite du chef de l'État et des ministres, sans distinction fondée sur la qualité officielle et le régime de responsabilité qui y est attaché, une précision de cette nature eût été indispensable si les faits réprimés par cette juridiction pouvaient être étrangers aux fonctions. Comment un chef d'État pourrait-il commettre un crime contre l'humanité ou un crime de guerre en dehors de ses fonctions ? Tout simplement dans sa jeunesse : la guerre d'Algérie aujourd'hui, demain (donc avant-hier) qui sait, la Bosnie ? Il s'agit d'un solide argument permettant sans doute d'écarter l'idée selon laquelle le Conseil constitutionnel aurait répondu à une question qui ne lui était pas posée (le fameux *obiter dictum*). Mais, c'est plutôt le degré de précision de la réponse qui posait problème : quid des actes antérieurs, sans lien avec ces crimes de guerre ou contre l'humanité ? En conférant une immunité de juridiction au chef de l'État pour tous ses actes, sans distinction, le Conseil est allé bien loin et plutôt que de lui prêter des arrière-pensées, assez confuses du reste, on peut redire qu'il a choisi une interprétation d'ordre « téléologique », ce qui est évidemment dans son rôle au regard de sa mission plus générale de « régulateur de l'activité des pouvoirs publics ». Même si l'argument relève plus de l'opportunité que du

---

[2] D. Chagnollaud,, « Le Président et la doctrine : à propos de la responsabilité pénale du chef de l'État », *RD publ.*, n° 4, 1999. Idée reprise par O. Camy, « La controverse de l'article 68. Aspects théologiques, *RD publ.*, mai-juin 2001, p. 816.

raisonnement juridique, comment en effet imaginer une mise en examen, une garde à vue du Président voire une mise en détention provisoire ? Impensable en effet. Mais que vaut l'argument en droit ? Certes, s'agissant d'un crime de sang commis pendant le mandat, on imagine (sans peine ?) que dans ce cas extrême, les mécanismes constitutionnels propres à assurer la continuité de l'État puissent jouer leur rôle et, saisi par le gouvernement, à tout le moins en période cohabitation, le Conseil constitutionnel serait alors en mesure de constater éventuellement l'empêchement temporaire ou définitif du chef de l'État. Mais pour des actes antérieurs, on a souligné le risque réel de confier le sort du chef de l'État à un juge d'instruction, traitant des plaintes multiples et parfois inconsidérées. C'est en partie vrai à la réserve près – et de taille – que, par la voie des recours, la Cour de Cassation, eût été probablement appelée à jouer d'abord son rôle et donc, *in fine*, à interpréter la Constitution tout en servant de filtre. Bref, nous nous serions retrouvés probablement au même point dans des délais qu'on espère plus raisonnables que l'intervalle de près de deux ans qui a séparé les décisions respectives du Conseil et de la Cour.

393. L'autorité des décisions du Conseil constitutionnel ne fait plus guère de doute et la Cour de Cassation prend soin de rappeler dans ses attendus, selon une formule désormais classique, qu'elle « s'attache non seulement au dispositif, mais aussi aux motifs qui en sont le soutien nécessaire ». Mais une fois cet hommage rendu, c'est pour aussitôt l'écarter dans le cas d'espèce, quitte à faire valoir au fond en renfort, que la décision n'est pas un *obiter dictum*. On sait en effet que la Cour de Cassation prend soin de distinguer dans les décisions du Conseil les motifs déterminants des décisions – liés directement à celles-ci (*ratio decidendi*), des motifs « surabondants » – de simples opinions (les fameux *obiter dicta*) et donc sans valeur juridique.

394. La Cour était donc en droit d'écarter la décision du Conseil ou plus simplement de considérer que l'autorité de celle-ci ne valait que dans le cadre de la question qui lui était posée, soit la compatibilité du Traité instituant la Cour pénale internationale avec la Constitution. Comme l'écrivait le Doyen Vedel, *« une partie de la doctrine ne se rallie pas à la solution arrêtée par le Conseil (constitutionnel), et une autre partie, dans laquelle je me range, pense que la solution du Conseil est exacte sur le fond, mais n'a pas autorité de chose jugée et ne s'impose donc pas au juge pénal »*[3]. Et François Luchaire commentant cette décision rappelait en 1999 que le choix entre les deux lectures de l'article 68 appartenait, en toute liberté, au juge[4]. En effet, plusieurs commentateurs dont Bruno Genevois dont le raisonnement est suivi par la Cour rappelait, presque une évidence : *« la force obligatoire que vise l'article 62 de la Constitution concerne les décisions du Conseil constitutionnel et non sa jurisprudence. La chose jugée par le Conseil ne s'impose donc qu'au regard des modalités d'introduction dans l'ordre interne de l'engagement international de la décision n° 98-408C »*[5]. En

---

[3] G. Vedel, *Pouvoirs*, 1999, n° 92, p. 75.

[4] F. Luchaire, « La Cour pénale internationale et la responsabilité du chef de l'État devant le Conseil constitutionnel », *RD publ.*, n° 2, 1999, p. 462.

[5] B. Genevois, *Immunités constitutionnelles et privilèges de juridiction*, Rapport à la XVIIe Table ronde international de droit constitutionnel comparé, sept. 2000, ronéo, p. 10.

suivant cette interprétation, la Cour de Cassation était donc libre de définir la solution à la question qui lui est posée – quitte à admettre la même que celle du Conseil, sans nécessairement l'appuyer sur les mêmes fondements. C'est en apparence ce qu'elle a fait. En réalité, elle a procédé autrement.

III. – Fondée sur la nature des actes, l'incompétence de la Haute Cour décidée par la Cour de Cassation pour des actes étrangers et *a fortiori* antérieurs aux fonctions contredit la « lecture séparée » de l'article 68 adoptée par le Conseil constitutionnel

395. C'est en dissociant la règle de fond (la haute trahison) et la règle de procédure (la Haute Cour) que le Conseil constitutionnel et une partie de la doctrine avaient construit la thèse de l'immunité de juridiction pour le Président dont le seul juge, quels que soient ses actes, serait pendant son mandat, la Haute Cour. La Cour de Cassation adopte le raisonnement inverse en s'intéressant à la nature des actes pour définir la juridiction compétente. La chose n'est pas nouvelle puisque, s'agissant de la responsabilité pénale des ministres, elle avait fondé sa jurisprudence depuis 1986 sur la nature des actes et distinguant ceux rattachables à la fonction – justiciables de la Cour de Justice de la République, et les autres, relevant du droit commun – sans susciter d'ailleurs d'interrogations majeures dans la doctrine.

396. A vouloir dissocier les deux règles énoncées plus haut, on était donc conduit à poursuivre le chef de l'État devant une juridiction évidemment politique pour des faits présumés relevant du droit commun, hors donc le cas de haute trahison, alors que c'est cette incrimination qui fonde l'existence de cette juridiction spéciale.

A-t-on d'ailleurs seulement aperçu le risque réel cette fois de « criminalisation » du droit constitutionnel si la Haute Cour se révélait être le seul juge du plus haut représentant de l'exécutif pour des incriminations incertaines ? Au contraire, la Cour de Cassation sépare clairement ce qui relève au fond de la politique – la Haute Cour – des « actes du citoyen ordinaire ».

397. Dans ce débat paradoxal, il est aussi étonnant de voir comment, après avoir gravement mis en cause l'honneur des membres du Conseil constitutionnel un député essayiste – désavoué par la Cour de Cassation de façon cinglante – s'était rallié à l'interprétation des sages et à une doctrine soit disant unanime[6], pour mieux justifier la mise en accusation du chef de l'État. Quant aux avocats

[6] Ce qui est parfaitement inexact comme le souligne dans ses conclusions l'avocat général M. de Gouttes. Rappelons sur ce point que « la position (du Conseil) a surpris la plupart des auteurs qui, jusqu'alors, estimaient, qu'en tant que personne privée, le chef de l'État ne bénéficiait d'aucune immunité et pouvait être poursuivi devant une juridiction ordinaire » (S. Guinchard et al., *Institutions judiciaires*, Paris, Dalloz, 2001, p. 334). V. par exemple les opinions d'Olivier Duhamel dans *Le Monde* du 26 janv. 1999 et celle de Dominique Rousseau dans *La Croix* du 27 janv. 1999.

de la partie adverse en voulant démontrer, à raison, que la proposition de mise en accusation du chef de l'État était sans objet puisque s'appuyant sur l'ordonnance d'un juge d'instruction (couverte par le secret) et n'ayant pas de caractère définitif, ils soulignaient par la même l'absurdité du système qu'ils défendaient et qui conduisait tout simplement à rendre incompétente la Haute Cour pour les actes du chef de l'État antérieurs à sa prise de fonctions. En résumé, pour les uns, la Haute Cour est la bonne voie en pratique même s'ils l'avaient condamnée en théorie tandis que pour les autres, elle était la seule voie possible en théorie, mais non en pratique. La solution de la Haute Cour est d'ailleurs si « logique » et impeccable que tous les partis politiques, sans exception, se proposent de la changer. Et on n'ose pas se demander quelles auraient été les positions de principe respectives, si le titulaire de la fonction avait été non pas Jacques Chirac mais son prédécesseur : peut-être identiques dans le style mais inversées quant au fond ?

398. S'agissant de la Haute Cour, et en poussant le raisonnement jusqu'au bout, rien n'empêchait d'ailleurs, ni empêche aujourd'hui, y compris au regard de la décision de la Cour de Cassation, de poursuivre le chef de l'État pour le « crime » de haute trahison puisque, n'étant pas définie, elle absorbe donc tous les crimes et délits prévus par le code pénal. Si on ne l'a pas fait, c'est tout simplement que cette incrimination souligne un peu plus la bizarrerie du système de la « lecture séparée ». Sauf à considérer avec un grand constitutionnaliste de la IIIe République, Duguit, que, faute d'être définie, la haute trahison n'a aucune base légale et n'existe donc pas, la définition du contenu de la haute trahison appartiendrait à la Haute Cour. Dès lors, elle aurait à juger pour haute trahison un chef de l'État pour des actes antérieurs aux fonctions, ce qui est absurde puisque par définition l'article 68 de la Constitution dispose que *« Le Président de la République n'est responsable des actes accomplis dans l'exercice de ses fonctions qu'en cas de haute trahison »*. En outre, étant indéfinie, la haute trahison contrarie le principe de légalité des infractions, tout autant que celui de légalité des peines, (sauf la destitution) tandis que les arrêts de la Haute Cour – haute trahison ou pas – ne sont pas susceptibles d'appel. Sur tous ces points, au regard de la Convention européenne des droits de l'homme, cette juridiction a déjà vécu. Quoiqu'il en soit, on peut se réjouir, en effet, que la Cour de Cassation s'en tienne à une lecture tout autant authentique que littérale de l'article 68 ou considérer avec Pierre Avril et Jean Gicquel qu'elle a procédé, en s'écartant de l'interprétation du Conseil constitutionnel, à une révision « prétorienne » de l'article 68[7]. Mais on ne peut évidemment soutenir sérieusement que l'Assemblée plénière de la Cour a adopté l'interprétation de l'article 68 de la Constitution donnée par le Conseil Constitutionnel.

---

[7] P. Avril et J. Gicquel, « Ombres et lumières sur la Constitution », *Les Petites Affiches*, 30 oct. 2001, n° 216, p. 12.

IV. – Si la Cour de Cassation accorde en fin de compte au chef de l'État une immunité pénale pendant son mandat, rejoignant la solution de fait du Conseil constitutionnel, c'est en conciliant sa lecture de l'article 68 avec d'autres principes constitutionnels

399. La Cour de Cassation pouvait-elle près de deux ans après la décision du Conseil constitutionnel, adopter la lecture inverse de l'article 68 (hors le cas de haute trahison, le Président est un citoyen ordinaire), sans la concilier avec d'autres principes constitutionnels, ou en dérogeant au principe d'égalité pour des raisons d'intérêt général, ce que fait d'ailleurs de façon générale le Conseil constitutionnel ? Il est bien évident, notamment compte tenu de la décision de celui-ci – dont elle récuse cependant l'autorité – mais aussi du risque de « crise politique majeure » évoqué par le premier avocat général que le raisonnement en une matière aussi sensible ne pouvait se fonder sur la seule lecture de l'article 68, même authentique à notre sens. Le Conseil constitutionnel, dans son communiqué du 10 octobre 2000, n'avait-il pas dû lui-même et de façon exceptionnelle avancer finalement d'autres arguments en renfort de son interprétation, particulièrement la séparation des pouvoirs et la continuité de l'État ?

400. La Cour de Cassation pose en préalable *« qu'en vertu du principe constitutionnel de l'égalité des citoyens devant la loi, l'immunité instituée au profit du Président de la République par l'article 68 de la Constitution ne s'applique qu'aux actes qu'il a accomplis dans l'exercice de ses fonctions et que, pour le surplus, il est placé dans la même situation que tous les citoyens et relève des juridictions pénales de droit commun »*. Mais, elle concilie ce principe, pour en fait y déroger avec celui de la continuité de l'Etat dont a la charge, avec le fonctionnement régulier des pouvoirs publics, son chef directement élu du suffrage universel. En creux, c'est donc non seulement cette mission constitutionnelle mais aussi le mandat populaire qui l'étaye qui fonde en démocratie cette exception à l'État de droit. On peut rester sceptique sur la valeur de cet argument dès lors que la Constitution organise une série de procédures, comme l'a très bien montré le Professeur François Terré, destinées à garantir en cas d'empêchement temporaire ou définitif du Président la continuité de l'État. On pourrait aussi considérer que cette lecture de la Constitution est *« discrètement constructive »*, pour reprendre la formule du Doyen Vedel à propos de la décision du Conseil constitutionnel. Cependant, la Cour de Cassation ne fait pas référence au principe, souvent avancé, de la « séparation des pouvoirs » d'autant mieux comme l'écrivait Bruno Genevois, commentant la décision susvisée du Conseil constitutionnel qu'*« on éprouverait quelque difficulté à justifier comment, pour des agissements de membres de l'exécutif détachables de l'exercice des fonctions, la séparation des pouvoirs devrait être un obstacle à la mise en cause du chef de l'État en cours de mandat mais non à* *celle du chef de gouvernement »*[8]. Enfin, quitte à prêcher contre notre propre paroisse, la Cour aurait pu néanmoins considérer que le chef de l'État, président du Conseil supérieur de la magistrature et garant de l'indépendance de la justice en vertu de l'article 64 de la Constitution ne pouvait être mise en cause pénalement par le juge sauf à paralyser durablement l'exercice de sa mission constitutionnelle.

V. – En écartant la compétence de la Haute Cour, la Cour de Cassation règle le problème de la prescription et limite ainsi clairement l'atteinte portée au principe constitutionnel d'égalité des citoyens devant la loi

401. L'enjeu de la prescription d'actes éventuels comme on croit l'avoir souligné dès l'origine était bien la toile de fond du débat[9]. En effet, même si la Haute Cour seule juge du chef de l'État n'avait pas été saisie, on pouvait soutenir que les faits éventuels étaient de toute façon prescrits puisqu'il est de jurisprudence constante que si la poursuite est possible, le délai de prescription commence à courir (il était ici de trois ans). L'immunité de juridiction pouvait alors prendre, en effet, les traits d'une immunité pénale quasi-absolue. Certes, en adoptant l'interprétation de la compétence exclusive de la Haute Cour, *« l'obstacle de droit mettant la partie civile hors d'agir et d'exercer ses droits du fait de (sa) compétence exclusive »*[10], selon le premier avocat général, pouvait-il suffire à fonder la suspension conformément à la décision de la Cour de Cassation du 21 juin 1999 ? D'une part, il relevait lui-même que cette question n'avait pas été soulevée par le moyen et que la Cour *« n'aura pas à entrer plus avant dans cette question »*, tandis que M. Roman, rapporteur, précisait que cette question *« n'est pas posée aujourd'hui à la Cour de Cassation, il ne lui appartient pas d'y répondre »* (Conclusions de M. de Gouttes, p. 21 et Rapport de M. Roman, p. 29). Fallait-il que la Cour soulève le moyen d'office et décide à quel moment commençait la prescription uniquement pour censer résoudre le cas présumé de l'actuel chef de l'État, au mépris de la présomption d'innocence ? Rappelons alors en premier lieu que, de façon générale, pour la Cour de Cassation la prescription de l'action publique est suspendue à compter du jour où la partie poursuivante manifeste expressément sa volonté d'agir et se heurte à l'obstacle de droit. Appliqué à un parlementaire, à un ministre et *a fortiori* au chef de l'État – pour des actes indistincts – cette solution les expose à des poursuites pour des faits non seulement anciens, parfois découverts longtemps après leur commission et les place dans une situation comparable aux personnes

[8] B. Genevois, « Le Conseil constitutionnel et le droit pénal international », *RFD adm.*, mars-avr. 1999, p. 285 et s.

[9] D. Chagnollaud, « Le faux procès fait aux sages », *Libération*, 23 nov. 2001 ; « La responsabilité pénale du Président en questions », *Libération*, 26 juill. 2001.

[10] V. B. Genevois, *Immunités constitutionnelles et privilèges de juridiction, op. cit.*, p. 11.

mises en cause pour abus de bien social ou crimes contre l'humanité. Compte tenu de l'âge moyen des chefs d'État – et à moins de mourir en fonction – quand ceux-ci seraient-ils assurés d'une certaine tranquillité d'esprit après leur retrait de la vie publique ? La commission d'instruction de la Haute Cour de Justice s'agissant des ministres, dans sa décision du 5 février 1993, considérant que *« la capacité d'interrompre la prescription s'attache à la capacité d'exercer l'action publique ou d'inculper »* et constatant que celle-ci exercée par les Assemblées n'est pas celle organisée par le code de procédure pénale mais régie par la Constitution elle-même et la loi organique, avait décidé que *« la prescription ne pouvait être interrompue à l'égard des ministres que parle premier acte de l'une des deux Assemblées manifestant une volonté de poursuites ».* Cette solution dans le cas d'espèce aboutissait, dans l'éventualité d'actes répréhensibles commis avant le mandat, à la prescription pure et simple. Devait-on alors adopter la solution commune ? Pour reprendre l'argumentation de la doctrine favorable à la solution du Conseil constitutionnel, fallait-il alors que le chef de l'État soit moins bien protégé qu'un parlementaire ou qu'un ministre dans l'exercice de ses fonctions et qu'on laisse la voie ouverte à des poursuites concernant des actes indistincts ? Restait bien sûr la possibilité d'inventer une nouvelle jurisprudence en proposant, avec M. de Gouttes, le début du mandat présidentiel comme point de départ mais qui présente les mêmes inconvénients s'agissant en particulier de la nature des actes.

402. Au surplus, si la suspension de la prescription se justifiait selon l'avocat général, en particulier au regard des exigences de la Cour européenne des droits de l'homme relatives au droit d'accès effectif au juge et au tribunal, il notait que le problème se posait aussi s'agissant des garanties fondamentales de procédure dont l'« accusé » ne bénéficiait pas pleinement. N'était-ce pas aussi souligner en creux que la solution de l'exclusivité de la compétence de la Haute Cour ouvrait la voie à un nouveau feuilleton juridique ?

403. En somme, sauf à vouloir définir une solution applicable au cas d'espèce, la Cour de cassation n'avait d'autre solution logique que d'adopter la lecture « à la suite » de l'article 68. C'est pourquoi, en écartant le dispositif de la Haute Cour compétente uniquement dans le cas de haute trahison, la Cour règle sans ambiguïté la question de fond, hors les actes commis dans l'exercice des fonctions relevant de la Haute Cour pour le crime de haute trahison, le délai de prescription de l'action publique pour tous les autres actes est suspendu pendant le mandat présidentiel. La Cour de cassation donne ainsi plein effet au principe constitutionnel d'égalité des citoyens devant la loi, la dérogation que constitue l'immunité pénale pendant la durée du mandat n'étant que temporaire.

VI. –LE PRÉSIDENT NE PEUT ÊTRE ENTENDU COMME TÉMOIN *DÈS LORS QUE* L'OBLIGATION DE COMPARAÎTRE EST « ASSORTIE D'UNE MESURE DE CONTRAINTE PAR LA FORCE PUBLIQUE »

404. Écartant toute forme de mise en cause pénale comme celle de « témoin assisté », les juges d'instruction demeurant néanmoins compétents pour instruire à l'égard de toute autre personne, la Cour de cassation répond à la question du « témoin simple ». Le chef de l'État ne peut être entendu comme témoin *dès lors* que l'obligation de comparaître est « assortie d'une mesure de contrainte par la force publique ».

Rappelons que durant la IIIe république et placé dans une situation constitutionnelle strictement identique, le chef de l'État bénéficiant d'un privilège de juridiction pour tous ses actes (la Haute Cour), Raymond Poincaré sollicité par la défense, accepta par deux fois de témoigner, l'une dans l'affaire Caillaux, l'autre dans l'affaire Humbert, sénateur suspecté d'intelligence avec l'ennemi pendant la guerre de 14[11]. Et si le juge Halphen a eu tort d'adresser une « convocation » au Président de la République, c'est parce que celle-ci était assortie d'une mesure de contrainte. Le chef de l'État, quel qu'il soit, est donc en droit de refuser de s'y rendre. On peut donc en déduire à l'inverse que rien ne lui interdit de le faire s'il y était invité, dans des formes à définir, par un juge d'instruction ou sollicité par la défense, dans l'intérêt de la justice dont il est au surplus le garant de l'indépendance.

405. Finalement, sauf à considérer que le droit constitutionnel de la France deviendrait une sorte de droit supra constitutionnel, isolé des autres, peut-on espérer que la prééminence incontestée du Conseil constitutionnel s'enrichisse d'un dialogue, parfois ardu mais fertile, avec le Conseil d'État et la Cour de Cassation ? La démocratie constitutionnelle à laquelle travaillent ces Hautes Juridictions peut y trouver son compte.

---

[11] D. Chagnollaud, « Le Président Poincaré, premier témoin », *Le Monde*, 6 juill. 2001 et *L'Express*, 13 sept. 2001.

INDEX ALPHABÉTIQUE

(les chiffres renvoient aux numéros des paragraphes)

TABLE DES MATIÈRES

DEUXIÈME PARTIE

RESPONSABILITÉ PÉNALE ET VIE PUBLIQUE EN FRANCE

LOUIS - JEAN
avenue d'Embrun, 05003 GAP cedex
Tél. : 04.92.53.17.00
Dépôt légal : 118 – Février 2002
Imprimé en France